EL NIÑO QUE SE ENFADÓ CON LA MUERTE

Enric Benito

EL NIÑO QUE SE ENFADÓ CON LA MUERTE

Claves para entender y acompañar
en el viaje definitivo

HarperCollins

Cualquier forma de reproducción, distribución, comunicación pública o transformación de esta obra solo puede ser realizada con la autorización de sus titulares, salvo excepción prevista por la ley.
Diríjase a CEDRO si necesita reproducir algún fragmento de esta obra.
www.conlicencia.com - Tels.: 91 702 19 70 / 93 272 04 47

Editado por HarperCollins Ibérica, S. A.
Avenida de Burgos, 8B - Planta 18
28036 Madrid

El niño que se enfadó con la muerte. Claves para entender y acompañar en el viaje definitivo
© 2024, Enric Benito Oliver
© 2024, prólogo de Javier García Campayo
© 2024, para esta edición HarperCollins Ibérica, S. A.

Todos los derechos están reservados, incluidos los de reproducción total o parcial en cualquier formato o soporte.

Diseño de cubierta: CalderónSTUDIO
Ilustración de cubierta: Shutterstock
Maquetación: MT Color & Diseño, S. L.
Foto del autor: Toni Amengual

ISBN: 978-84-10021-87-7
Depósito legal: M-32896-2023

Los beneficios de los derechos de autor de esta obra serán donados a la Fundación SECPAL (Sociedad Española de Cuidados Paliativos)

A la SECPAL y, especialmente, a mi entrañable amigo Juan Pablo Leiva, su presidente, quien, 24 horas antes de dejarnos, me escribió este texto:

Enric, he disfrutado del libro que cuenta ese niño al que yo, Juan Pablo Leiva, tengo el enorme privilegio de conocer. Porque hemos ido a remar, a comer, a aventurarnos a cambiar el hacer clínico; ese niño viene a casa, en Bilbao, y me hace sentir niño a mí también, porque, cósmicamente, siempre lo seremos. Te escribo con mucho cariño para decir que, al converger la experiencia del pequeño Enric con la del profesor Enric, recibimos un regalo maravilloso.

Índice

Prólogo 13

Introducción 17

1. Preparando el viaje 21
   Hierba para los conejos 21
   Una familia especial 24

2. Quiero ser médico y cuidar 31
   Primeras pruebas 34
   Voy a ser médico 37
   Primera lección: no se puede servir
   a dos señores 38

3. Esto va en serio 39
   Conozco a mi nueva novia, se llama oncología   40
   Un congreso abre la puerta 42
   «¡Me voy a Barcelona!, ¿te vienes conmigo?».. 42
   Otra prueba: «Pero ¿qué haces aquí?» 44

No será fácil 46
Aunque no podamos curar, podemos paliar 48

4. DE VUELTA A CASA 51
   Modelos enfrentados de entender
   la medicina 51
   Volvemos a los orígenes, más pobres,
   pero más felices 54
   Historias de vida 56
   «¡Aún no me puedo morir!» 56
   Felipe, un sabio enseñando a despedirse 63
   «¡No tengas miedo!» 67

5. EL SENTIDO DE LA VIDA 71
   La noche oscura del alma y la sabiduría
   del corazón 73

6. LA CONFIANZA Y EL CORAJE SON FRUTOS
   DE LA COHERENCIA 81
   Despido a mi padre y empiezo paliativos 84
   Historias y lecciones aprendidas 89
   Juan: el apego, la aceptación
   y la trascendencia 89
   Francisca: «Creo que me estoy muriendo
   y no me lo quieren decir» 93
   Sobre el servicio, el éxito y la gratitud 96
   Donovan, mi abuelo inglés 100

7. ¿Cómo se lidera un equipo? 103
   Vale más pedir perdón que pedir permiso 107
   Un modelo centrado en las personas 109
   Aprendiendo a morir: una experiencia
       catártica 113

8. Aprendiendo de la vida cuando parece
   que se acaba 123
   Compartiendo un viaje incierto 124
       Pablo: morir antes de lo esperado 125
       René: «¿Cómo va esto de morir?» 132
       Roy: no somos solo un cuerpo 139
       Andrés: «Vengo a que me ayuden a morir» 144
       Miguel: una mala persona es alguien
          que no se conoce 149
       Damián: los niños saben 154
       Mateo: la sabiduría no tiene edad 160
       Isabel: partir en paz 163
       Guillermo, una sanación inesperada 168

9. La sociedad española de cuidados paliativos 175
   El Grupo de Trabajo de Espiritualidad
       de la SECPAL (GES) 178
   El cuestionario GES 180
   El acompañamiento espiritual 182
   La compasión 185
   El autocuidado del profesional que trabaja
       con el sufrimiento 188

10. Divulgando el mensaje 191
　　En el teatro y el cine 194
　　Autoconfesión 208

11. Epílogo: siete lecciones del morir 217

Agradecimientos 222

Prólogo

El filósofo alemán Martin Heidegger decía que el ser humano no es alguien que vaya a morir, sino que es «un ser para la muerte». Es decir, su finitud no es algo circunstancial, sino nuclear. Otros muchos autores han reflexionado sobre el tema, recurrente en algunas corrientes del pensamiento, como el existencialismo. Pero, en mi opinión, uno de los más radicales es el psiquiatra vienés Sigmund Freud. Ateo reconocido, consideraba que las religiones habían surgido, en exclusiva, para ofrecer una explicación al sufrimiento humano, del que la muerte constituye la quintaesencia.

Todos vamos a ser golpeados, al menos alguna vez, por preguntas como estas: «¿Qué hago aquí? ¿Qué sentido tiene esto? ¿A qué voy a dedicar mi vida?». La intensidad y la urgencia que tales cuestionamientos generan en cada persona son diferentes. Y también lo son las respuestas. Desde la pura negación, que nos permite seguir adelante sin contactar con el sufrimiento, hasta el replanteamiento completo de nuestra existencia, que estructura una vida coherente con la respuesta.

Si uno se toma en serio la pregunta y se plantea ser consistente con la respuesta, pueden surgir muchas opciones. Casi todas incluyen una visión menos egocéntrica y más prosocial, y el rango puede variar desde los intereses espirituales hasta los compromisos con la sociedad o el planeta. La medicina, una de las profesiones más respetadas en la historia de la humanidad, siempre ha estado vinculada, desde Hipócrates, a unos valores y a un compromiso de ayuda. Por eso, muchas personas que han escuchado esa llamada y han intentado responder a esas preguntas devinieron galenos.

El autor de este libro es uno de ellos, uno más de la amplia estirpe de médicos humanistas que igualan medicina y servicio y que conciben su trabajo como un compromiso para intentar disminuir el sufrimiento del ser humano. Y lo que nos relata es esto: su trayectoria, su búsqueda, su verdad.

El libro nos desgrana su vida y su lucha. Nacido en un pequeño pueblo mallorquín en las estrecheces de la postguerra, sus padres realizan un esfuerzo titánico para que el hijo estudie medicina. El gran tema de la muerte lo golpeó en la infancia con el fallecimiento de su abuelo, y, como muchos de nosotros, se enfadó con *la anciana y poderosa dama*. Y buscó, si no combatirla —porque es imposible—, suavizarla y entenderla.

Por ello, tras estudiar Medicina en Zaragoza, conoce la que será su pasión: la oncología. Emigra de nuevo, esta vez a Barcelona, para formarse. Siguen años complejos en los que existe una lucha entre la investigación y la propia práctica de ayuda a los demás. De nuevo, vuelve a reconectar con el sentido de la vida en un período especialmente propicio para ello como es la crisis de los 40 años. Y el sentido y el camino los encuentra, como muchos de nuestra generación, en la India. Renovado y transmutado, cambia la oncología por los cuidados paliativos, donde permanece hasta la actualidad. Su visión se hace aún más humana y comprometida. En este momento, el autor es uno de los referentes en el tema de cuidados paliativos en los países de habla hispana, siempre con el tono humanista que lo caracteriza.

Pero no nos engañemos: lo importante no son solo las acciones, sino cómo se realizan y cómo es el ser humano que las lleva a cabo. Hay personas que hablan de virtudes y compromisos, pero están muy lejos de ellos. Sin embargo, existen otras que apenas necesitan hablar de bondad, porque, simplemente, la encarnan. Enric es uno de ellos.

Tuve la suerte de conocerlo hace algunos años, pues compartimos intereses comunes, como el *mindfulness* y la ayuda a los demás. Y puedo asegurar que, cuando habla de estos temas, no es impostado. Jamás lo he visto enfadado, criticar a alguien o con malos sentimientos hacia otra persona, pese a las circunstancias adversas que ha tenido que experimentar, como todo ser humano. Irradia alegría y contagia su bondad natural, de forma que te sientes como si hubieses encontrado a un amigo de toda la vida. Con personas como Enric el mundo es un lugar más humano y bondadoso, más noble. Una buena muestra de ello es que los beneficios por la venta de este libro no son para él: los dedica a la Fundación SECPAL, que promueve los cuidados paliativos, una aproximación profesional y humanizada centrada en hacer más llevadero este último tránsito.

En suma, tenemos ante nosotros un libro que surge del corazón y que describe la travesía de una persona buena y comprometida, que se enfrenta a la muerte desde la infancia y que busca su forma personal de ayudar al mundo y dar sentido al enigma de la existencia humana.

JAVIER GARCÍA CAMPAYO
Catedrático de Psiquiatría
Universidad de Zaragoza

Introducción

Vivir setenta y cinco años te da una cierta experiencia de cómo funciona esto, y, para resumir lo aprendido, diría que el cosmos es armónico, que el fondo que sostiene la vida es benevolente y confiable y que todos estamos conectados: formamos parte de una realidad bondadosa, que nos acoge, nos sostiene y nos impulsa. Esta sabiduría permanece oculta a ojos de la mayoría por el velo de la ignorancia, la cual se sustenta en el miedo. Y el miedo primordial es nuestro miedo a la muerte.

En este libro se cuenta la historia real de un niño que recibe una llamada a través de la confrontación con la brutalidad y el desgarro de una pérdida imprevista; ante este reto, decide enfrentarse a la muerte y mirarla a los ojos para preguntarle por su sentido y tratar de quitarle su aparente dureza. En su viaje, afrontará —siempre con ayuda— retos y maravillas y descubrirá que lo que considera su enemigo va disolviéndose hasta dejar de existir, igual que cuando te aproximas al horizonte. Así, perderá el miedo y ganará una gran confianza que le permitirá atreverse a explorar lo desconocido y adquirir el don de acercarse a los que sufren, de acompañarlos con compasión y ayudarlos a hacer ligero su viaje, el más apasionante de nuestra vida, el que todos emprenderemos algún día para traspasar el horizonte. Un viaje bien organizado y que no duele si sabes fluir en él, que solo se complica desde la negación, la resistencia, el miedo, la desconfianza y la ignorancia de lo que supone vivir.

Ante la realidad que todos vamos a transitar, este niño comprende que lo más sabio es desvelar la mentira que nos hemos contado y descubrir que lo que somos nunca está amenazado. Por eso nos propone estar preparados, tener listo el equipaje y no resistirnos cuando seamos llamados a la etapa de la vida que empieza cuando parece que se acaba esta. Desvelada la mentira compartida del miedo a la muerte, se siente agradecido a la vida por la inspiración para hacer el viaje, por haber aprendido a acompañar con amor a personas en los momentos de máxima vulnerabilidad y por haber podido enseñar a otros el camino de la compasión ante el sufrimiento.

Ahora, el niño, disfrazado de viejo profesor, tras años de actividad docente en el entorno sanitario, se siente invitado a compartir las historias de aprendizaje que lo han acompañado en su viaje, para poner luz sobre la ignorancia del morir y alumbrar el itinerario a otros peregrinos.

Lo que vas a leer es una serie de experiencias e historias reales, vividas cuidando a cientos de personas a los que el niño se acercó para acompañar. Podrás percibir cómo en los momentos de máxima vulnerabilidad, conforme todo lo conocido se desvanece, se vislumbra otro nivel de realidad y se intuye un camino insospechado que nos lleva a un destino de confianza, paz y gozo, sin miedo al horizonte y con coraje para vivir plenamente la vida hasta que se acabe esta etapa.

1
PREPARANDO EL VIAJE

En el verano de 1959, los niños en el Pont d'Inca ayudábamos en las faenas de la casa. En la nuestra, además del corral con su huerto, teníamos un gallinero y una conejera de la que, de vez en cuando, la abuela sacaba un conejo, lo *anestesiaba* de un golpe certero detrás de las orejas y lo ataba a la rama del limonero plantado en el centro del huerto: lo colgaba hábilmente con una cuerda de las patas de atrás y, con mucha habilidad y un cuchillo, lo *arreglaba* para después cocinarlo, mientras los niños contemplábamos asombrados su pericia para separar el pellejo de aquel cuerpecito, que acababa sangrando en un plato con los ojos abiertos. Mi abuela sabía hacer con gran tranquilidad y destreza cosas difíciles y útiles.

HIERBA PARA LOS CONEJOS

Una noche la abuela me encargó ir a primera hora del día siguiente a recoger hierba para los conejos; me dio permiso para utilizar la bicicleta del abuelo, la grande, y me avisó de que el saco y la azada estaban preparados en la cochera. Este encargo de la persona más importante de nuestra tribu, a mis diez años, suponía un gesto de confianza y una responsabilidad que me ilusionaban.

El mejor sitio para recoger hierba era la finca de C'an Sbert, a algo más de un kilómetro de casa. Debía pedalear un rato por la carretera de Inca, y, a esa temprana hora de la mañana, apenas había tráfico. Me fui después de desayunar en la bici grande, con ganas y el fresco de cara, solo y contento. Al llegar al desvío, giré para cruzar la carretera y entrar en la finca. Entonces, algo me cambió la vida.

No sé de dónde salió, no la oí ni la vi venir, pero una Vespa que iba de Palma a Alcudia me embistió, atrapó mi pie izquierdo entre el parafango y la rueda de delante, me rompió la tibia y el peroné, me cortó los tendones de los flexores del pie y me lanzó al aire: al caer me golpeé la cabeza y quedé inconsciente; además rompió la bici de mi abuelo, quien, como yo, ya nunca sería el mismo de antes.

Lo siguiente que recuerdo es una extraña sensación de flotar en brazos de alguien que me había recogido de la carretera y que me sostenía en el asiento trasero de la moto que otro hombre conducía con apremio hacia la casa del médico del pueblo. Podía escuchar el ruido de la moto, la conversación de los dos hombres, y notaba el fluir caliente de la sangre que caía del pie izquierdo, abierto por el empeine, sobre el derecho, que, intuitivamente, *se había ofrecido* a sostenerlo. Me sorprendió no sentir dolor y que todo estuviese en negro: podía oír, pero no veía; luego supe que eso se llama *conmoción*.

Pronto —entonces todo era cercano—, llegamos a casa de don Sebastián, el médico, que me tumbó sobre la camilla y empezó con las primeras curas. Por suerte, al abrir los ojos ya podía ver. Estaba asustado, no recordaba nada ni entendía lo que pasaba, necesitaba agarrarme a alguien que me diera confianza; lo primero que busqué fue la cara de mi padre: lo encontré junto a mi tío, los dos pálidos y más aterrados que yo. No me gustó. Seguí buscando y me di cuenta de que alguien en la habitación estaba tranquilo, controlaba lo que había que hacer, se comportaba con aplomo y seguridad y no tenía miedo. Era el médico, que me ayudaba, me tranquilizaba, y eso sí me gustó. Sé que en ese momento me enamoré de aquella figura. Años después descubrí que, el día del accidente, la vocación entró por la herida del empeine de mi pie izquierdo, de la que aún guardo una amplia cicatriz.

Al parecer, don Sebastián le dijo a mi padre que debían trasladarme a Palma para operarme urgentemente, pues había riesgo de tener que amputarme el pie. Gabriel, del Bar Nacional, taxista ocasional, nos llevó a casa del cirujano que iba a ser mi salvación: don Ramón, un apasionado republicano que, en aquellos días, era el cirujano estrella de la ciudad. Como comercial de maquinaria agrícola (de hecho, le había vendido a don Ramón una instalación de riego para su finca rústica), mi padre era un hombre pobre que estaba dispuesto a apostar por el mejor, costase lo que costase, para tratar de no amputar la extremidad de su hijo mayor.

En la camilla, don Ramón me examinó y me advirtió: «Ahora puede que te duela un poco». Yo ya me había entregado a las manos de quienes —ante mis ojos de niño— no tienen miedo, y en ese momento me aflojé y me dormía: algo me decía que ya podía soltarme, que estaba en un lugar seguro. A las pocas horas entré en el quirófano, del que salí con un yeso en la pierna, abierto en el empeine para vigilar la cicatriz.

La habitación de la clínica era luminosa; venían a verme los tíos y los primos, me traían golosinas, me sentía importante. Y, por un corto periodo de tiempo, conseguí quitarle el protagonismo a mi hermano, ¡siempre centro de atención de todos! Bueno de todos excepto de mi abuelo.

Pasaron los días y regresé a casa con un par de muletas y una escayola en la en la pierna izquierda, que, de momento, no podía apoyar. Había entrado por primera vez en un hospital, y lo había hecho por la puerta de urgencias.

UNA FAMILIA ESPECIAL

Sebastián, mi abuelo materno, era albañil; nacido a finales del siglo XIX, aprendió a leer y a escribir y llegó a ser maestro de obras y a dirigir su propia empresa, con media docena de picapedreros, como llamábamos a los albañiles. Era el patriarca de nuestra tribu, y, con mi abuela, la de los conejos y otras habilidades, tuvo cuatro hijos: tres mujeres —mi madre era la mayor— y un varón, Melchor (el tercero), que heredaría la empresa.

Sebastián era un hombre hecho a sí mismo que compró unos terrenos a las afueras de Pont d'Inca y construyó una casa para cada hijo alrededor de la suya. Las casas se comunicaban por el corral. En verano, las cenas familiares en el patio de mis abuelos suponían una escena muy mediterránea, como las que a menudo muestran las películas italianas. Sebastián contaba anécdotas de su vida y solía acabar con alguna palabrota. Decía: «¡Siempre he trabajado como un hijo de puta!». ¡Esos días me encantaba mi familia!

Nací el primero de los nietos del líder del clan, fui el mayor de la hija mayor y más mimada. A mis dieciséis meses llegó al mundo mi hermano Sebastián —y, seis años después, mi hermana Luisa—, al que, como nunca ha crecido, lo seguimos llamando Tito. Entonces los partos se hacían en casa, y, al parecer, el de mi hermano fue complicado: conforme crecía, descubrieron que en el suyo había pasado algo que lo marcaría para siempre.

Tito apenas sostenía la cabeza; le costó mucho aprender a caminar y nunca consiguió hablar ni avisar de si tenía pipí o caca; se quedó como un bebé de dos años, y así sigue hoy a sus setenta y tres. Mi madre se negaba a reconocerlo; ella y mi padre empezaron un peregrinaje por consultas de neurólogos, pediatras y curanderos, incluso llegaron a la península, empujados por la angustia y la necesidad de curar a su hijo pequeño. Se gastaron lo que no teníamos, y el abuelo Sebastián, conmovido por el drama de su primogénita, ayudaba lo que podía.

En aquella época, mi vida era bastante especial. Por una parte, percibía la tristeza de mis padres; por otra, sentía la vergüenza de salir a la calle con mi hermano, que se comportaba de manera extraña, gritaba, se ponía la mano en la boca y salivaba. Yo me avergonzaba y me entristecía al ver a mi madre llorar cuando la gente preguntaba:

—¿Qué le pasa a este niño?

Porque un hijo diferente se interpretaba (al menos en casa) como el castigo divino por los pecados de alguien de la familia. El mantra de mi madre era: «Dios mío, ¿qué hemos hecho para merecer esto?».

Yo notaba que apenas me prestaban atención, todos pendientes de Tito, y, solo cuando llegaba a casa con una buena nota del colegio, parecían salir de su obsesión y reconocer que tenían otro hijo. Percibía que las calificaciones positivas aliviaban de manera temporal la desgracia que había en casa, lo que explica mi posterior dedicación a sacar buenas notas y a buscar el reconocimiento externo (al descubrirlo, me dije «es gracias a Tito», pues, casi seguro, sin la necesidad de ganar el interés de mis padres, no habría desarrollado mi currículum académico).

Con el tiempo, tuve que trabajar mi ambivalencia emocional con mi hermano, que era un canalla que me robaba la atención de mi madre y, a la vez, alguien profundamente vulnerable, que me producía una enorme ternura y al que intenté durante meses, a mis seis años, enseñarle a hablar: durante tardes enteras, intentaba que repitiese las palabras *papá* y *mamá,* sin ningún éxito.

Mi madre estaba pendiente de Tito y mi padre estaba pendiente de mi madre; en aquel ambiente, una persona se daba cuenta de mi soledad, me cuidaba y me mimaba como a un huérfano emocional: mi abuelo Sebastián. Yo sentía que era su favorito, y para mí él era Dios, un referente. Recuerdo, en invierno, ir agarrado de su mano grande, callosa y caliente, de camino al cine en las afueras del pueblo, él con su abrigo largo marrón. Compraba para mí unos cacahuetes y, después del nodo, veíamos una película de Antonio Molina o de Joselito. ¡Mi abuelo era lo que más quería en el mundo!

Cuando aprobé el ingreso en bachillerato, orgulloso de mi éxito, le fui a mostrar la nota al abuelo, entonces ya enfermo; desde la cama llamó a todos los de la casa para que vinieran a escuchar su *pronóstico.* Con tono solemne, proclamó:

—Quiero que sepáis que este niño, de mayor, será… —se quedó un rato en silencio, como buscando algo grande, un personaje de prestigio o de poder; yo me mordía el labio con nerviosismo, expectante. Por fin, retomó la palabra—. Será… ¡sargento de la Guardia Civil!

Era su manera de decir que confiaba en mí. Me emocionó que, desde la cama, me lanzara esa profecía y apostara por mi futuro delante de los demás. Y me prometí no defraudarlo.

Poco antes de mi accidente, el abuelo Sebastián había empezado a quejarse de dolor de espalda y había sido tratado por ciática; al no mejorar su situación, ingresó en una clínica. Regresó peor, con una sonda urinaria, incapaz de levantarse. Cuando, algún tiempo después de mi operación, me dejaron apoyar el yeso, fui a visitarlo: me impactó verlo tan delgado, ojeroso, pálido y triste, encamado en su cuarto y con la voz apagada. En el dormitorio había un olor fuerte que más adelante volvería a reconocer en algunas habitaciones de los enfermos que se están preparando para dejar de su cuerpo. Lo del abuelo era un cáncer de próstata avanzado, con metástasis óseas e incurable.

En aquellos días la morfina estaba muy estigmatizada y no se usaba; en el patio de mi casa, pasaba horas oyendo gritar de dolor a mi abuelo. Me sentía impotente y conmovido viendo cómo sufría, cómo se apagaba la fuente de mi ternura, la persona que tanto me acompañaba, y yo no podía hacer nada para evitarlo. Sin embargo, no quería llorar, ya había suficiente drama; yo, que era el mayor, tenía que ser un hombre, y me habían enseñado que los hombres no lloran.

Una mañana los gritos cesaron. Entendí que algo había empeorado cuando comprobé que la casa de mi abuelo estaba llena de gente, de familiares y vecinos, pero no terminaba de entender qué ocurría. Hasta que, al fondo del corral, vi al tío Melchor, escondido de los demás para llorar. Entonces me quedó claro.

Noté un desgarro que me partió por dentro; recuerdo que sentí tristeza, pero, sobre todo, viví una oleada de indignación e injusticia. Decidí que no debía hundirme ni dejar que eso quedara así: «No puedo permitirme llorar y pensar: "El abuelo se ha ido al cielo y ya está". No puede ser, es injusto que la gente muera así, no está bien, hay que cambiarlo, ¡esto NO ACABARÁ ASÍ! ¡Hay que hacer algo!».

Imagino que mi grito interior, desde la desesperación de alguien que queda doblemente huérfano a los diez años —por no percibir el cariño de los padres y por perder entonces el único sostén emocional de la infancia—, llegó a algún sitio desde donde siento que ha manado la energía que me ha permitido hacer este viaje, impulsado por un destino que aquel día se escribió y que luego os contaré. Pasaron muchas cosas que solo entendí años más tarde, al rebobinar mi historia y comprender por qué soy como soy y hago lo que hago.

Ahora sé que, aquel día, este niño se indignó con la muerte —o, mejor dicho, con una forma tan dolorosa de morir— y se sintió impotente, y todas las lágrimas se convirtieron en furia y en ganas de transformar el relato. Se prometió cambiar las cosas, que aquello no podía seguir ocurriendo, y en su corazón comenzó a fraguarse un nuevo guion.

También sé que la herida que se abrió nunca más se cerró del todo, quedó en silencio, abierta, y por ella, desde el fondo, emerge la luz de la ternura hacia mi abuelo, al que no pude abrazar, y la que he seguido buscando en cada persona que agoniza para acercarme, conectar, consolar y aliviar.

Sé que, aunque no tuve la oportunidad de cuidar y acompañar a mi abuelo mientras sufría, mi corazón roto me permite ahora acercarme con calidez, respeto y ternura a los que se encuentran como él; cuando me acerco a ellos, se sienten acogidos y acompañados, y el amor que se manifiesta entre nosotros nos alivia al enfermo y a mí, y los dos salimos mejor del momento.

Quizá suene muy raro, pero los sanadores heridos somos así, gente extraña. Personas a las que, en nuestra historia, algo nos ha roto el corazón y, en lugar de buscar consuelo en sucedáneos o anestésicos, hemos acordado con el destino dejar la herida abierta porque por ahí es por donde nos podemos acercar a otros heridos, entenderlos y atenderlos, con una mirada que trasciende lo superficial y es fuente de sanación y alivio para ambos.

Dar sentido a la herida es usarla para que la luz de la conciencia —que es amor— emerja para alivio de sufrientes, y, en el flujo en el que el sanador herido cuida al otro, también alivia su dolor y profundiza en su propio ser.

Este es el fundamento desde donde se cuenta mi historia y todas las que ahora os mostraré para que conozcáis un poco mejor el intenso y complicado viaje que hizo aquel niño enfadado con el mal morir.

2
QUIERO SER MÉDICO Y CUIDAR

Cuando tenía nueve años, mi padre me sacó de la escuela del pueblo y me mandó a estudiar el bachillerato a la capital, cosa poco común por aquellos días entre los niños de mi edad. Ocho años después, mientras cursaba COU, empecé a sentir que me gustaba la idea de ser médico, una osadía vista la situación económica en casa. Al no tener universidad propia, los de las islas debíamos costearnos —además de los estudios— los viajes y el hospedaje, lo que quedaba claramente fuera de las posibilidades de mi familia.

Mis únicos contactos con la medicina eran don Sebastián y don Ramón. Un día me presenté ante el segundo y le dije:

—Don Ramón, me parece que quiero ser médico, pero no estoy seguro de si serviré.

—Mira, yo toda la vida he querido ser cirujano, y, para que te hagas una idea, ¡con nueve años ya capaba gatos! —contestó desde su baja estatura con su característica energía.

Pensé: «No sé si soy la persona indicada, ¡nunca he capado un gato!». Entonces, me hizo una propuesta que me relajó:

—Mira, salgamos de dudas: mañana te vienes conmigo, entras en el quirófano y vemos cómo te sientes.

Al día siguiente, entre excitado y temeroso, llegué con aquel hombre menudo al Hospital General de Mallorca en el que años más tarde trabajaría como médico durante cerca de dos décadas y donde acompañaría a mi padre y mi madre en su último viaje.

A mis diecisiete, el quirófano me pareció un lugar solemne y reverenciable. Don Ramón me indicó: «Yo me voy a lavar y tú te pones la bata y entras. Y no toques nada ni te acerques demasiado a la mesa. Miras y ¡ya está!».

Pasé al quirófano y me situé en un sitio discreto para presenciar la primera intervención; era de una fractura de cuello de fémur en una señora mayor, que había que fijar con un clavo-placa. La paciente ya estaba dormida, acostada y cubierta por varios paños: solo se le veía la cadera. Entraron el cirujano y los ayudantes; el ambiente no era de la solemnidad que esperaba, pues hablaban entre ellos como los albañiles que trabajaban para mi tío en la obra. Mientras el cirujano miraba las radiografías en el fluoroscopio, comentó:

—¿Visteis ayer el partido del Mallorca? ¡Qué golazo!

Después se dirigió a la cadera, tomó el bisturí y, de un tajo limpio, abrió las carnes, que empezaron a sangrar; el ayudante iba secando la zona con gasas y un aspirador, sin abandonar el tema del fútbol. Yo estaba fascinado por la cirugía y sorprendido por la superficialidad de sus comentarios; de vez en cuando la conversación se interrumpía y el cirujano reclamaba la atención del anestesista: «¡Bernardo, la paciente se mueve!». Y el anestesista hacía una pausa en su lectura del periódico, añadía algo en el suero y la enferma se relajaba.

Yo atendía al campo operatorio; llegó el momento de poner el clavo, lo que suponía picar con un martillo: saltaban astillas de hueso y salpicaduras de sangre que, a veces, manchaban las gafas de don Ramón. Me pareció fascinante conseguir que la paciente pudiera recuperarse y andar, y, al mismo tiempo, supe que no sería cirujano, me parecía *medicina de albañilería*.

No solo no me mareé con la sangre, sino que salí feliz de mi primera operación y algo decepcionado con la poca seriedad de los quirófanos.

Don Ramón parecía contento de tener un pupilo, y, dado mi interés por conocer el oficio, acepté su invitación para acompañarlo todos los días; fue un verano intenso, me familiaricé con los especialistas, los quirófanos y las monjas que los regentaban.

En octubre empezaría mi primer curso en la facultad de Medicina, y, gracias a don Ramón y a la experiencia durante el verano, ya me sentía metido en la profesión. No había duda: sería médico, ¡aunque no cirujano!

Primeras pruebas

Al contar en casa que quería ser médico, mi madre, desde su miedo, no se mostró de acuerdo con que a los dieciocho años me fuera hasta Zaragoza y con gente desconocida; era muy joven, quién sabía lo que me podía pasar. Me preocupé porque en casa era ella quien llevaba los pantalones, y, a pesar de que había conseguido una beca para estudiar primero de Medicina por valor de 22 000 pesetas —equivalían al coste de medio curso fuera de casa—, no las tenía todas conmigo.

Sin embargo, ese día bajó un ángel y pasó algo inesperado: Antonio, mi padre, se plantó por primera vez —que yo recuerde— y dijo con autoridad: «María, si él quiere ser médico, le vamos a ayudar, y, si hay que cenar pan con aceite cada día para pagarle los estudios, lo haremos. Que lo intente: si no le va bien, ya regresará».

Respiré aliviado, aunque mi apuesta suponía sacar una nota media de notable o superior para mantener la beca cada año.

En la ilusión del primer año en la facultad, estudiábamos los fundamentos, anatomía, fisiología, histología. Aprendíamos cómo era el cuerpo humano y las causas físicas o biológicas que lo hacen enfermar. Sin mención a qué es una persona, ni a qué es el sufrimiento ni a las causas no físicas de la enfermedad.

Aunque empecé la carrera bien alimentado de casa, a final de curso había perdido ocho kilos y muchas horas de sueño, pero, de las cuatro asignaturas de primero, había conseguido dos sobresalientes y dos matrículas de honor: estaba claro que iba a ser médico y que seguiría obteniendo becas.

Ese verano volví a los quirófanos con don Ramón, pero al poco tiempo me acerqué al servicio de medicina interna del hospital. Su jefe, don Miguel, era un gran clínico, y en su servicio contaba con estudiantes de Medicina haciendo prácticas. Me presenté y me aceptó: ¡ya estaba más cerca! Yo iba de acompañante de un estudiante mayor, y a veces me dejaban hacer alguna historia clínica.

Una de mis primeras lecciones —no solo de medicina, sino de vida— fue la historia de Lola.

Lola, de unos treinta años (yo tenía diecinueve) era una chica inmigrante que había ingresado la noche anterior vía urgencias por hipotensión. Aquella jornada, mi compañero no estaba, así que fui a verla solo. Lo que me contó me conmovió: de familia humilde, vino a trabajar a Mallorca para mandarle dinero a su familia; limpiaba casas —le pagaban muy poco— y llevaba días sin apenas comer. En algún momento, se mareó y la llevaron al hospital.

Al acabar de escribir la historia, pasé por el control de enfermería, dirigido sor Teresa, quien, a sus cerca de sesenta años, sabía mucho. Aún emocionado por la historia de Lola, comenté:

—Hay que ver esta pobre chica lo mal que lo está pasando, limpiando casas por un salario de miseria y sin apenas poder comer.

Sor Teresa me miró con una cierta sorna y me dio una lección:

—¡¿Esta?! Esta no ha limpiado una casa en su vida; seguramente anoche se peleó con el novio y le montó una escena y vino al hospital. Verás cómo esta tarde llega él con cualquier regalo y se marchan los dos tan campantes —me explicó, y, ante mi cara de sorpresa, continuó—. ¿Dónde has visto tú a una mujer de limpieza con esas pulseras y con las uñas tan pintadas? ¡No seas bobo!

Me quedé impactado; admití no haberme fijado en las uñas ni en las pulseras. Y, efectivamente, al día siguiente Lola ya no estaba.

Años más tarde aprendería que la compasión no consiste en ser ñoño ni blandengue y que siempre debe ir acompañada de sabiduría —la que a mí aún me faltaba—, pero no olvidé aquella lección.

Seguí alternando los cursos en la facultad con notas de beca y los veranos en el hospital para ganar experiencia. Sin embargo, en cuarto decidí no asistir a clase: lo que explicaban se podía estudiar en los libros, y quise entrar como interno en la cátedra de Medicina Interna y pasar las mañanas en la sala de enfermos. Para ello, necesitaba aprobar un examen. Me presenté con confianza gracias a mi experiencia al lado de don Miguel; el adjunto me formuló varias preguntas, miró mi expediente académico y me mandó explorar a una paciente. Se trataba de una enferma *fácil;* al reconocerla, encontré un vientre hinchado, una masa en hipogastrio y signos de líquido peritoneal. Lo anoté, hice un dibujo y sugerí un diagnóstico. El médico adjunto me aprobó y entré como interno durante los siguientes tres años. Se acabaron las clases: empezaba a trabajar en una sala de medicina interna.

Voy a ser médico

Cuando eres feliz, el tiempo pasa deprisa. Disfrutaba de las mañanas en el hospital y sabía cómo lograr una nota media superior al notable para obtener la beca cada año. En mi familia no había dudas sobre mi futuro.

En las temporadas de vacaciones, volvía a casa y frecuentaba el Hospital General; me sentía cada vez más capaz de enfrentarme a los pacientes, los veranos se hacían cortos.

En junio de 1972, con veintitrés años recién cumplidos, acabé sexto de Medicina y me colegié para empezar a ejercer. Regresé a Mallorca con un buen expediente y muy seguro de mí mismo; empecé a hacer guardias en diferentes clínicas, en el Hospital de la Cruz Roja e incluso en el aeropuerto de Palma los domingos. Ganaba bastante dinero. Pero la vida me tenía preparados algunos dilemas éticos que no me había planteado.

Primera lección: no se puede servir a dos señores

El desarrollo turístico en Mallorca había promovido la *medicina turística:* los visitantes europeos, en aquella época sin convenios internacionales, eran potenciales pacientes privados, es decir, de pago. Me acababa de sacar el carné de conducir, quería comprarme un coche, y había empezado a salir con Catalina, mi compañera desde hace cincuenta años; ella era de buena familia y yo quería impresionarla llevándola a cenar a restaurantes en la ciudad, a jugar al tenis... Empecé entonces a trabajar en el ámbito de la medicina turística, y a las pocas semanas me di cuenta de que iba a prostituirme: puedes ganar mucho si vendes tus dones, pero, para tratar picaduras de insectos, diarreas estivales, insolaciones y, sobre todo, borracheras, no hacía falta tanta ciencia. Al venderme, me faltaba al respeto a mí mismo y a mis capacidades. Debía decidir entre seguir en el negocio o ser médico de verdad. No había duda, mi voz interior era clara: «Esto no es para ti, deja a los piratas que sacan dinero y dedícate a lo que has venido».

Agradezco a la voz interior que siempre me haya ayudado a discernir entre el negocio y la profesión.

Comencé a curiosear por los servicios de medicina interna de varios hospitales, en busca de algún equipo con el que seguir aprendiendo, y ninguno me atrajo. Y, mientras buscaba, pasó algo imprevisto.

3
Esto va en serio

Me encantaban las guardias en el Hospital de la Cruz Roja, me sentía como en casa. En el complejo se encontraba la única bomba de cobalto de las islas para irradiar a los enfermos de cáncer; estaba en un departamento llamado Centro Regional de Oncología de Baleares, que, además, tenía doce camas para pacientes ingresados. Alguien debió de hablarle de mí al director del centro, don José, quien me llamó para invitarme a trabajar con él. Me mostró las instalaciones: las habitaciones, de dos camas cada una, eran bastante lúgubres, en los márgenes de un pasillo con poca luz, y estaban llenas de pacientes con gran deterioro y escasas expectativas. Sentí una emoción intensa, iba a poder ejercer de médico en una sala bajo la supervisión de un adjunto que trabajaba a tiempo parcial.

Acepté la oferta sin preguntar por mi sueldo y empecé al día siguiente. Meses después descubrí que cobraba mucho menos que mis amigos que hacían guardias turísticas, pero el gozo no se puede comprar. Tenía veinticuatro años, estaba en pleno despegue profesional y, tras catorce años, ya me había olvidado de mi abuelo y mi infancia. Aunque algo en mi interior se sentía feliz al trabajar con estos enfermos incurables y, sin embargo, agradecidos al ser cuidados y acompañados. Por alguna razón olvidada, en este ambiente me sentía bien.

Conozco a mi nueva novia, se llama oncología

Una mañana atendí en consulta a un paciente: se trataba de un varón, fumador, de sesenta y siete años, con un cáncer de pulmón, afectación costal y dolor torácico. Era remitido para cobaltoterapia. Le pedí a la enfermera que lo invitara a pasar a consulta. Era un payés mallorquín llamado Tomeu; venía con su esposa —ambos, con cara de preocupación—, y empecé el interrogatorio preguntándole si fumaba, cuántos paquetes a la semana, si era tabaco negro o rubio, si tenía tos o disnea… Cosas que ya no tenían ninguna importancia, pero que daban pie a que los enfermos supieran que estaban delante de alguien interesado y meticuloso con su trabajo.

Yo había hecho bastantes historias clínicas y me sentía seguro, hasta que Tomeu tomó la palabra y me lanzó una pregunta que me haría pensar mucho tiempo:

—¡Doctor!, esto que tengo… ¿es cáncer?

Se me dispararon las alarmas; empecé a buscar una respuesta en mis recuerdos sobre lo aprendido en la facultad, y rápidamente revisé anatomía, fisiología, patología general, patología médica... En ningún sitio encontré información sobre qué contestarle. Por dentro me iba poniendo tenso; me puse a pensar: «¿Y ahora qué le digo? Si le respondo que no, ¡menuda mentira!, y si le digo que sí, este viejo es capaz de ponerse a llorar... ¿Qué hago yo con un enfermo llorando?». No sé cuánto tiempo estuve bloqueado —a mí me pareció una eternidad—, y mi silencio y mi cara, con gesto cada vez más preocupado, debían de ser un poema.

Tomeu se dirigió a su esposa en nuestro catalán de Mallorca, con una expresión difícil de traducir al español que sería como: «¡Voto al mundo, Antonia, estoy bien jodido!».

Me quedé helado. Se produjo un gran silencio y me di cuenta de que, con mi comunicación no verbal, se lo había dicho todo sin decirle nada, de una manera poco profesional y nada empática, un tremendo error como médico. Necesitaba aprender lo que las matrículas de honor no aportan en la facultad: el arte de comunicar y dar malas noticias a las personas. Desde entonces, la memoria de lo mal que lo hice con Tomeu me ha empujado a estudiar y construir un modelo de comunicación que he usado en mis clases y enseñado a otros profesionales. Los errores duelen, pero, si los analizas y los resuelves, te dejan un aprendizaje que no te brindan los libros ni las clases. Lo siento, Tomeu, y gracias por la experiencia.

Un congreso abre la puerta

En 1973, a algunos enfermos del Centro Regional de Oncología se les ponía un tratamiento nuevo para mí que se llamaba *quimioterapia;* consistía en el uso de fármacos para frenar el crecimiento tumoral: los citostáticos. Los pacientes cuyo cáncer no estaba localizado y no se podía extirpar con cirugía, además de la radioterapia, a menudo recibían citostáticos, generalmente tóxicos y con efectos secundarios. Investigábamos qué combinaciones de fármacos frenaban el tumor y alargaban algo la vida. En el centro recibíamos revistas médicas especializadas, la mayoría en inglés. Entonces apenas entendía el idioma, pero, desde mi curiosidad por saber más, me pasaba horas con el diccionario.

Recuerdo que don José estaba muy animado porque en Palma se iba a celebrar en octubre el Congreso de la Sociedad Española de Oncología, que reuniría en el Auditorium a los mayores expertos del país, ¡y yo podría conocerlos! Disfruté de la experiencia y fui consciente de que en Mallorca hacíamos una oncología muy primaria y de que los especialistas con más producción científica y que me atraían eran los catalanes.

«¡Me voy a Barcelona!, ¿te vienes conmigo?»

En aquella época —tenía veinticuatro años—, cuando sentía un fuerte impulso, seguía mi intuición sin pensarlo mucho, así que, con la ilusión de aprender, abordé durante el congreso al jefe del servicio de oncología del Hospital de la Santa Creu i Sant Pau, el profesor Subias, para pedirle trabajo. Me remitió al jefe de residentes, al que le dije que quería formarme en oncología con su equipo. Este me informó de que justo acababan de adjudicar las plazas de aquel año a los nuevos residentes. Le contesté:

—No os pido un sueldo ni un cargo, solo quiero ir a aprender.

—Bueno, si es así, ven a Barcelona y lo hablamos —me planteó, supongo que para salir del paso.

Di por sentado que me habían aceptado en Sant Pau, y, al acabar el congreso, le dije a don José que quería formarme en Barcelona, hacer la especialidad y regresar después a Mallorca a trabajar. Cuando les comenté a mis compañeros internistas que quería dedicarme a la oncología, me miraron con cierta lástima —no hay que olvidar que era 1973—: «Pero si eso ni siquiera es una especialidad... No hay ningún tratamiento, aparte de la cirugía en pocos casos, y la mayoría de los pacientes se muere; deberías pensarlo mejor y centrarte en la medicina interna». Pero siempre he preferido escuchar a mi intuición que las opiniones no solicitadas.

Estaba excitado con la idea de marcharme. Y a finales de octubre le dije a Catalina:

—Me voy a Barcelona a aprender oncología, ¿te vienes conmigo?

Solo llevábamos nueve meses saliendo. Ella, dos años más joven que yo, profesora de Educación Física en un instituto, guardó silencio unos segundos y respondió:

—Si nos casamos primero, sí.

Nos casamos el 22 de diciembre de 1973, día de la lotería de Navidad; organizamos una boda clásica, con doscientos cincuenta invitados entre amigos y familiares, y don José fue uno de mis padrinos de boda. Suelo decir que ese día a mi esposa le tocó el gordo (siempre he tenido cierto sobrepeso)… ¡y a mí, la lotería!

Otra prueba: «Pero ¿qué haces aquí?»

El 7 de enero de 1974, recién casados, llegamos a Barcelona; tras bajar del barco, me fui al Hospital de Sant Pau. El pabellón de oncología se encontraba al fondo. Busqué al doctor Viladiu, con quien había hablado en el congreso de Mallorca. Se sorprendió al verme por allí:

—Pero ¿qué haces aquí?

—Hombre, me dijiste que viniera y he dejado mi trabajo en Mallorca, me he casado, he venido con mi esposa, que también ha dejado el suyo, he alquilado un piso, me he traído el coche y ahora espero que me digas cuándo empiezo y qué tengo que hacer.

Como hombre con buenos recursos y reflejos, me puso a prueba:

—Mira, vas a ir a ver al paciente de la habitación 203: hazle una historia y, dentro de media hora, vienes a mi despacho y me dices qué te parece.

Sentí alivio, pues pensé que el encargo iba a ser fácil. Me puse la bata, subí a la segunda planta, me presenté a la enfermera y le conté que el doctor Viladiu me había pedido ver al paciente de la 203; me pasó la historia y, sin dejar de leerla, me acerqué a la habitación en la que me esperaba uno de los pacientes más difíciles de mi vida. El diagnóstico era «rabdomiosarcoma de lengua», algo que no he vuelto a ver en mis cincuenta años de profesión.

Se llamaba Andrés, tenía nueve años y debía de pesar menos de veinte kilos. Era todo ojeras, palidez y huesos. Resultaba impresionante el denso olor de la habitación —bastante pequeña—, un olor putrefacto que venía de la necrosis de un tumor de lengua que salía por la boca del niño, como una especie de croqueta ulcerada y sangrante: Andrés babeaba una saliva sanguinolenta que su madre enjugaba periódicamente. Como es obvio, su hijo no podía hablar ni tragar, y, para alimentarse, llevaba una sonda en la nariz por la que se le suministraban líquidos; tampoco era capaz de respirar bien, así que le habían practicado una traqueostomía. La tristeza y el dolor de su madre, sentada junto a él al borde de la cama, terminaba de formar una de las escenas más duras que he presenciado en mi vida. Me conmoví, respiré hondo y comprendí de qué iba el examen.

Después de hacerle algunas preguntas a la madre y de acariciar a Andrés, me presenté en el despacho del doctor Viladiu:

—No sé lo que tiene ese niño ni cómo se le puede ayudar, pero precisamente por eso he venido aquí: para aprender cómo cuidar y tratar este tipo de problemas.

El doctor debió de sentirse sorprendido por un joven loco que, después de dejarlo todo, se había presentado a trabajar para aprender, sin contrato, ni sueldo ni expectativas. Y fue muy claro:

—Puedes empezar mañana. Trabajarás como asistente voluntario, por un periodo de prueba; harás lo mismo que los residentes, con las guardias, los horarios, las sesiones… La única diferencia es que no cobrarás.

Llegué a casa contento: «¡Vamos a empezar la oncología en serio!».

No será fácil

El trabajo era muy demandante. Los residentes éramos seis médicos estudiosos y competitivos; nos organizábamos para tener nuestras propias sesiones de estudio de problemas y casos con los que ampliar nuestra formación. Desde el principio me impuse ser uno más, sin diferencia por mi condición de *asistente voluntario*. A final de mes, cuando los demás cobraban su sueldo, yo iba al banco a sacar parte de nuestros ahorros, que con el paso del tiempo se reducían a un ritmo mayor del previsto.

Solía llegar a casa más allá de las siete de la tarde. Catalina buscó trabajo y aprendió a cocinar, teníamos la sensación de vivir como dos inmigrantes. Nos fuimos integrando en una enorme ciudad que, para dos chicos de pueblo, nunca resultó acogedora.

El trabajo era duro. Los tratamientos de la época eran poco eficaces, muchos pacientes morían en la planta del hospital al cuidado de los residentes. A los nueve meses había superado la prueba y estaba bien adaptado y aprendiendo con ilusión. Entonces, volvió a *visitarme* un ángel: una de mis compañeras no aguantó la presión ni el sufrimiento del entorno y decidió dejar la oncología y pasarse a la medicina interna. Quedó libre una plaza de residente. Nuestro jefe, el doctor Viladiu, me anunció que, como había mostrado competencia en estos nueve meses, me daban la plaza y el sueldo.

A final de mes fui a cobrar; recibí un sobre con 18 000 pesetas, un sueldo bastante aceptable. Llegué a casa y, ante la sorpresa de Catalina, empecé a tirar billetes al aire y a gritar: «¡¡Somos ricos!!». Se acabó lo de ir a sacar los ahorros del banco cada fin de mes.

Fueron tiempos intensos de estudio, formación, congresos y publicaciones. Me sentía parte de un equipazo, y en el ámbito nacional nuestro grupo estaba muy bien considerado.

Aunque no podamos curar, podemos paliar

En mi segundo año, ya pasaba visita a los enfermos de mi sala, de doce camas, y consultaba con el adjunto los casos especialmente complicados. Uno de los pacientes que más me conmovían y me hacían sentir impotente era José, un hombre mayor con un cáncer de lenta evolución —pero imparable pese a los diferentes tratamientos— que afectaba a la zona central de la cara. El tumor le había destruido la nariz y buena parte de los pómulos; debía ir con una gasa pegada en la frente que le cubría una enorme úlcera por la que se veían los cornetes nasales, hasta la faringe, lo cual era muy desagradable y le hacía parecer un monstruo. Tenía controlado el dolor y un buen estado general; el motivo de su ingreso era su aspecto. Evidentemente no podía ir al bar del pueblo ni tener ninguna actividad social porque la gente salía corriendo.

Mi pesar era comprobar cada día que no había novedad: seguía allí pacientemente y sin expectativas, ya que se le habían aplicado todos los tratamientos posibles sin resultados positivos. El pase de visita era frustrante.

Hablando con Jordi, otro residente de radioterapia, buscamos una solución de cine: si lo único que le faltaba para recibir el alta era una nariz y una cara nuevas, y ya que en el cine y en la televisión había expertos en maquillaje que hacían caras para algunos personajes, ¿por qué no probábamos a hacerle una máscara de goma a José?

El atrevimiento no tiene límites, y nos pusimos en contacto con la jefa de maquillaje de Televisión Española en Barcelona; le contamos la historia y, a los pocos días, se presentó una tarde —cuando no estaban nuestros superiores— Margarita, una excelente persona que, tras conocer a José y entender la petición, se puso manos a la obra. Al cabo de una semana apareció otra tarde con todo el material para hacerle una cara nueva a José. Para moldear la nariz y los pómulos de silicona hacía falta un voluntario que diera la cara. Me ofrecí y me eché en la camilla de la consulta donde nos habíamos instalado con Jordi: Margarita me puso una máscara de yeso caliente sobre la cara que, al enfriarse, se solidificó; en este molde negativo vertió una mezcla de siliconas líquidas, teñidas con un tono aproximado al de la piel de José. Cuando se endureció la silicona, Margarita la recortó a medida para que tapara el cráter de la cara. La máscara se sostenía con las gafas del paciente, le cubría la úlcera y se pegaba a los bordes de la parte sana del rostro con una *pasta* que Margarita había teñido con el color adecuado para que quedara estéticamente aceptable.

José estaba entusiasmado, y nosotros también, le hicimos muchas fotos. A la semana siguiente, cuando aprendió a ponerse la máscara y maquillarse, se fue con el alta. Jordi y yo presentamos nuestra hazaña en la sesión clínica, satisfechos de la aventura.

4
De vuelta a casa

Tras un par de años en Barcelona, desde Mallorca me reclamaron para regresar: el Centro Regional de Oncología de Baleares se había trasladado con la bomba de cobalto a un espacio más moderno, habían ampliado el número de camas y necesitaban especialistas jóvenes para dirigirlo. Con gran ilusión, Catalina y yo volvimos a nuestra tierra junto con Gustavo, un compañero catalán adjunto del Sant Pau, casado con una chica mallorquina. Ambos íbamos a intentar organizar el centro, sin saber todavía que tendríamos problemas con los mercaderes del templo, es decir, con esos que, en un lugar sagrado como el entorno del sufrimiento, buscan sacar beneficios económicos.

Modelos enfrentados de entender la medicina

Al regresar, descubrimos que el Centro de Oncología se había trasladado a una clínica privada dirigida por empresarios con claro afán de lucro. Los primeros tiempos fueron de luna de miel, pues podíamos aplicar lo aprendido en Sant Pau. Recuerdo que había unos enfermos que me atraían especialmente, a los que apenas había tratado en Barcelona y con los que me gustaba estar: eran los niños. En aquellos días aún no existía la oncología pediátrica, y atendía algunas leucemias y linfomas y otros tumores infantiles. Llegábamos a establecer un fuerte vínculo emocional con los padres, muchos de aquellos menores se convertían en auténticos maestros de vida, como María, de seis años, que decía: «Mamá, estos médicos son tontos: me sacan un poco de sangre cada día y luego me la tienen que poner de nuevo con la botella grande». Se refería a las transfusiones que necesitaba para su leucemia.

Un día se produjo la parada cardiorrespiratoria de un niño de ocho años con un osteosarcoma mientras se le administraba la quimioterapia; cuando me avisaron, corrí como un loco por la planta: le hicimos las maniobras de resucitación y salió adelante. Atender a alguien con una parada cardíaca, sin respiración y con los ojos con las pupilas dilatadas —en los que ves que *no hay nadie*— y pasar de repente a sentir cómo regresa, cómo se le contraen las pupilas y cómo vuelves a tenerlo aquí es una de las experiencias más fuertes para mí en esa época. Al recuperar el chico la conciencia fui a preguntarle si sabía qué le había pasado y qué había visto. Me contestó: «Me morí y luego volví aquí, y ya está».

También me impresionó otro niño de ocho años llamado Jesús. La enfermera me contó que, mientras esperaba para administrarle la quimio, a solas con él, le dijo:

—Vamos a ponerte esto y te curarás.

— Sé que no me curaré —respondió Jesús sin levantar la mirada del dibujo que estaba haciendo—. Me voy a morir, pero no quiero que mi mamá lo sepa porque se pondría muy triste.

Sí, había niños que parecían más conectados con la verdad que muchos adultos.

Con los enfermos podía haber dificultades, pero nos sentíamos bien tratando de resolver lo que podíamos.

Ocuparían demasiado espacio las peripecias que surgieron del choque entre dos modelos de entender la medicina: la nuestra, que apostaba por el cuidado de las personas, y la de los mercaderes del templo que dirigían la empresa, quienes priorizaban el beneficio económico. Durante cerca de cinco años, sufrimos un acoso imparable. La situación alcanzó un punto insostenible, y, como la vida está bien organizada, nuestro equipo salió de aquel lugar poco acogedor para crear una nueva unidad en el Hospital General de Mallorca, donde me había estrenado a mis dieciocho años.

Nuestra coherencia, con un poco de ayuda de la providencia, había ganado a la corrupción en la medicina.

Volvemos a los orígenes, más pobres, pero más felices

Una de las cosas que siempre me han atraído de nuestro trabajo es el grado de autenticidad y verdad que hay en él. Cuando conectas con personas que se sienten vulnerables —y a menudo dependientes— con intención de ayudarlas, desde tu mirada respetuosa y compasiva puedes percibir cómo se van abriendo, te dan su confianza y se hacen transparentes. Y, en los momentos de máxima fragilidad, a menudo emergen también su dignidad, su coraje, su ternura y su generosidad, y vislumbras la pasta de la que estamos hechos por dentro.

No creo que exista un laboratorio de investigación antropológico más interesante que acompañar con compasión a la gente cuando nos acercarmos al borde del misterio que supone ese viaje a lo desconocido que es el proceso de morir. Las personas en este momento solo se abren a aquellos que perciben que están disponibles para ellos, y solo se muestran a quienes pueden acoger respetuosamente su legado. Lo que la gente desconoce es la riqueza de experiencia, de humanidad, de sabiduría, de vida que emerge en este espacio que socialmente se percibe como doloroso, amargo o triste. Es cierto que inicialmente puedes sentir cierta tristeza, pero debajo de la superficie hay una profunda humanidad que las palabras no pueden contener y que solo a través de la experiencia es posible acoger, integrar y vivir.

Las historias que te voy a relatar son auténticas; puede que se haya cambiado algún nombre o alguna circunstancia menor. Las traigo aquí porque permanecen desde hace años en mi corazón: para mí, fueron hitos en el camino de cara a comprender cada vez mejor cómo estamos hechos por dentro, qué nos ocurre cuando luchamos o cuando nos entregamos. Son experiencias que me han servido para entender qué es el sufrimiento, cuál es el itinerario habitual del proceso de morir, cómo funcionan el apego, la incertidumbre o el miedo y cómo podemos ayudar cuando alguien pasa por este trance.

Lo aprendido surge de lo vivido, no de lecturas o de teorías académicas. Estos relatos que ahora vas a conocer fueron transformando mi mirada del vivir, al ayudarme a profundizar en nuestra humanidad compartida. En los momentos de máxima vulnerabilidad, se percibe cómo estamos hechos por dentro, se desvela nuestra integridad, nuestra dignidad, en definitiva, nuestra dimensión sagrada, y podemos aprender y descubrir nuestra propia naturaleza espiritual. Puede haber tristeza o sufrimiento: si no huyes y permaneces, sientes aparecer la ternura y la paz. Y, si no, observa.

Historias de vida

«¡Aún no me puedo morir!»

Luisa era la farmacéutica del barrio donde vivíamos; nos veíamos a veces en la playa, comprando el periódico y, como es lógico, en su farmacia. Era algo mayor que yo, y ambos teníamos a nuestros hijos (yo, a los dos míos; ella, al suyo) en el mismo colegio. Un día me llamó por teléfono para preguntarme si podía ir a verla; me explicó su situación: llevaba unos meses con dolores óseos y, al estudiar su problema, le habían descubierto metástasis óseas diseminadas de un cáncer de mama. Había consultado con un primo suyo radioterapeuta que, de modo bastante brusco, le había dicho que con semejante cuadro le quedaba como mucho un año de vida.

Luisa era una buena persona y alguien valiente (en esa época, pocas mujeres de su edad habían ido a la universidad), y también era muy consciente de su complicada situación. Algún tiempo atrás, su marido había padecido un problema neurológico severo, había quedado con muchas secuelas y era bastante dependiente de ella. Su único hijo tenía entonces unos trece años, la edad de mi hija mayor. Cuando nos vimos, me dijo:

—Quiero saber tu opinión y, si puede ser, que me trates tú. No me puedo morir ahora, no hasta que mi hijo esté matriculado en la facultad de Farmacia y yo le deje la farmacia en herencia —en aquel tiempo, los hijos de farmacéuticos podían heredar la farmacia, aunque no hubieran acabado la carrera, siempre que demostraran que estaban cursando estudios de Farmacia—. Tienes que ayudarme.

Me estudié el caso y me alegré al comprobar que el suyo era un tumor de bajo grado, con receptores hormonales muy positivos, y, de momento, las metástasis eran solo óseas. «Luisa, tenemos buenas noticias: vamos a olvidar el pronóstico de tu primo y a empezar un tratamiento hormonal con antiestrógenos», le comenté. Así, las metástasis casi desaparecieron en unos meses, los síntomas remitieron y la paciente hizo vida normal durante los veintidós meses que duró la primera respuesta.

Cuando, en una de las revisiones en mi consulta, comprobé que la enfermedad había empezado a progresar de nuevo, cambiamos a otro tratamiento hormonal que volvió a responder otros catorce meses: habían transcurrido tres años y aún no habíamos empezado con la quimio. Sin embargo, la tercera maniobra hormonal no funcionó, y pasamos a una quimioterapia que mantuvo la enfermedad controlada dieciséis meses más. Después, pasamos a una segunda línea que también funcionó un tiempo, el suficiente como para que el hijo de Luisa se matriculase por fin en primero de Farmacia.

Ella se había ido deteriorando mucho, y en una revisión encontramos que el tumor se había extendido hacia el hígado. En este punto, se vino abajo, pues, como farmacéutica, sabía que el pronóstico era fatal a corto plazo.

Recuerdo que entonces me puse bravo: había salido una nueva droga que mostraba una gran eficacia en las metástasis hepáticas del cáncer de mama, yo mismo acababa de regresar de un simposio en Madrid en el que se habían presentado sus primeros resultados. Era el cisplatino. ¡Íbamos a ver cómo le funcionaba, se merecía ver a su hijo licenciado en Farmacia!

Cuando le planteé esta nueva posibilidad, Luisa y yo tuvimos un interesante conflicto; con confianza, me confesó que había ido a visitar a una tal Úrsula, una curandera a la que no conocía y que vivía en nuestro barrio: le había comentado que no debía ponerse más quimioterapia, que ella le proporcionaría algunos tratamientos naturales menos tóxicos. Luisa estaba frágil y cansada, no quería defraudarme ni que yo dejara de visitarla, pero la asustaba empezar con el cisplatino por su escasa experiencia clínica; además, las conversaciones con Úrsula (con fama de saber cosas que no saben los médicos y de haber ayudado a mucha gente) le generaban confusión.

Se nos presentaba un dilema de disparidad de opiniones. Observé que a Luisa le preocupaba mi posible reacción al hablarme de Úrsula y de su visita a mis espaldas. Rápidamente, desmonté su malestar y le dije: «Vamos a cerrar un encuentro Úrsula y yo y a buscar lo mejor para ti; si me convence, dejaremos la quimio; si yo la convenzo a ella, dejará que pongamos en marcha el tratamiento sin interferir».

Pedí una entrevista con Úrsula y me presenté en su casa; me ofreció un té y percibí que estaba encantada de que un médico alopático fuera a su *guarida,* me pareció buena persona. Empecé por preguntarle por sus fuentes de conocimiento, es decir, cómo sacaba ella conclusiones sobre la enfermedad y el mejor tratamiento para Luisa, y me habló del poder del péndulo que ella tenía y que le ayudaba a hacer diagnósticos y tomar decisiones. Se trataba de un péndulo elaborado con un cristal con poder magnético: debías cogerlo con los dedos índice y pulgar de la mano derecha y plantearle un interrogante, como, por ejemplo, «¿es conveniente que Luisa se ponga quimioterapia?». Si el péndulo oscilaba en línea recta, la respuesta era afirmativa, es decir, «sí»; pero, si el péndulo empezaba a trazar círculos, la respuesta era negativa: no convenía.

Me pareció fascinante su ingenuidad y la poca base del procedimiento.

Le propuse un ensayo clínico con el péndulo. Le dije que creía que los dos queríamos lo mismo —el bienestar y lo mejor para Luisa— y que, si estaba de acuerdo, ya que los dos éramos *terapeutas* —cada uno a su manera— y que teníamos capacidades sanadoras, podíamos unir nuestros poderes, tomar el péndulo ambos al mismo tiempo y ver qué respondía al preguntarle de nuevo.

Me concentré en impedir que Úrsula moviera la mano, y, al sujetar los dos el péndulo, por más que preguntamos, este no dibujaba ni círculos ni oscilaciones. Ella se sorprendió y, con cierta frustración, dijo que el péndulo seguramente había perdido el magnetismo y me lo regaló. ¡Ya haría otro!

Aproveché la reunión para explicarle mi cariño por Luisa, mis ganas de ayudarla, mi confianza en que el nuevo tratamiento le alargase la vida y que vigilaría mucho la posible toxicidad. Le insistí en que, para poner el tratamiento y que funcionara, necesitaba que Luisa confiara en él; sin embargo, ahora su confianza era débil porque se la había dado en parte a Úrsula. Luisa y yo necesitábamos que Úrsula, después de nuestra interconsulta, le dijera que nuestra conclusión compartida era que debía recurrir a la quimio. No sé si fue por la frustración del mal funcionamiento del péndulo o por mi capacidad de persuasión, pero aceptó.

Como llegué a casa bastante tarde, Catalina me preguntó:

—¿De dónde vienes a estas horas?

—De pelearme con una bruja, y le he ganado. Me ha regalado su amuleto, ¡mira!

El péndulo de Úrsula anduvo por casa una temporada como trofeo de mi hazaña.

Ya disuelta la incertidumbre, Luisa se puso el cisplatino, y, efectivamente, volvió a tener una respuesta de unos nueve meses. Cuando empezó de nuevo la progresión de la enfermedad, habían pasado más de seis años, y a ella se la veía muy cansada: había adelgazado mucho, sus huesos eran como de cristal y se había ido encogiendo y haciéndose cada vez más frágil y pequeña.

Decidimos dejar la quimio y cuidar los dolores y los síntomas. Se instaló en su casa, en la parte alta de la ciudad, apenas salía de la cama; gracias a la ayuda de su hermano, también farmacéutico, le montamos una especie de unidad de atención domiciliaria. Yo iba a visitarla y ella me recibía con una gran sonrisa, hundida en almohadones, en una habitación luminosa y donde siempre sonaba música suave, en general, Mozart o Bach. Hablábamos como dos amigos, y su hermano, tal y como yo le había enseñado, le administraba la medicación por vía subcutánea mientras ella se iba apagando dulcemente sin dolor.

Un día, en su casa, me di cuenta de que quedaba poco tiempo. Algo en mí se conmovió al contemplar su fragilidad, su bondad y su dignidad. También ella intuía que se acercaba el final. Sin dejar de sonreír, me dijo:

—Enric, no sé si haré bien esto de morirme, nunca me he muerto antes. Si hago el ridículo ¡no os enfadéis conmigo!

Yo, que ya venía blando, rompí a llorar, y Luisa, en mitad de su fragilidad, sacó un arreón de energía:

—¡Quieto! La que se muere soy yo, ya llorarás cuando salgas de la habitación, ¡aquí te necesito entero!

—¡A la orden!

He recordado esta escena muchas veces. Es humano conmoverse en situaciones así, aunque lo profesional es gestionar las emociones para poder ofrecer la consistencia que el enfermo necesita. Si te pones a llorar con él, demuestras ser una persona sensible y empática, pero seguramente sea mejor para el paciente que mantengas tu ecuanimidad y tu serenidad para servirle de apoyo. Como decía Luisa: «¡Te necesito entero!».

Han pasado más de treinta años, y ahora voy bastante a menudo a la farmacia que lleva Juan, su hijo, aquel niño que, con empeño y gracias al amor recibido, consiguió suceder a su madre.

Con Luisa aprendí que, cuando una persona tiene un motivo para vivir, puede cambiar el curso de su existencia. Los médicos nos basamos solo en datos medibles para hacer un pronóstico, pero hay otros aspectos intangibles, sutiles, que, como la voluntad o el coraje, influyen en la vida. También descubrí que los que cuidamos y acompañamos necesitamos la sensibilidad para conectar con el mundo interior del que sufre, y debemos gestionar dicha sensibilidad para no inundarnos de su malestar y hacer nuestro su sufrimiento; así, no solo evitamos sufrir de manera innecesaria, sino que permanecemos íntegros y serenos.

Ya ves, Luisa, te sigo recordando como ayer y ahora estoy contando nuestra historia, espero que te guste. ¡Ah, y ya sabes que tu hijo es un excelente farmacéutico!

Felipe, un sabio enseñando a despedirse

Lo poco que he aprendido de la vida y de la muerte me lo han enseñado los pacientes, que me han concedido el privilegio de acompañarlos durante su enfermedad y en sus últimos días. Nos han dejado lecciones de dignidad y sabiduría que han transformado a los que hemos tenido la suerte de vivir sus despedidas, y, como las experiencias trascendentes permanecen en el corazón de los que los han querido, ahora os voy a presentar a uno de estos maestros.

Cuando lo conocí, Felipe tenía sesenta y ocho años; era granadino, pero en los 60, había venido a Mallorca desde su tierra en busca de una vida mejor. En la isla había trabajado como peón en la construcción. Era un hombre sencillo, alegre y animoso, estaba casado y había formado una familia tradicional, con varios hijos y varios nietos. Padecía un cáncer de colon con metástasis diseminadas que iba ganando terreno, afectaba a varios órganos vitales y lo limitaban cada vez más en algunas actividades básicas.

Él conocía su diagnóstico, sabía lo que le esperaba. Un día vino a la consulta —como siempre, acompañado de su esposa— y me pidió permiso para irse de viaje a su pueblo, en Granada; quería participar en la romería y ver a su familia y a sus amigos:

—Don Benito, tengo que ir a mi tierra y ver a mi gente; son las fiestas del pueblo, y ya sabe usted cómo va lo mío, tengo que despedirme de ellos.

—Pero, Felipe, ¡¿cómo te vas a marchar con la enfermedad como está?!

—Don Benito, ¡diga usted que sí, haga el favor, que es la última vez que los voy a ver!

En aquel momento, yo era un médico estándar con una formación organicista, y mi criterio se basaba en las imágenes de las radiografías (metástasis pulmonares extensas) y en las analíticas (alteración de las pruebas funcionales del hígado). Desde el modelo materialista en el que me movía, no apreciaba ni entendía el papel que podían jugar la ilusión o la energía de espíritu. Y le contesté al paciente:

—Felipe, el viaje es largo y tú no estás para esto, puedes tener complicaciones.

—Pero doctor —intervino, zalamera, su mujer—, haga usted el favor, mire la ilusión que le hace... Haga usted algo para que pueda ir, diga usted que sí, ¡que es usted un talento!

Ante el halago de la esposa, me dejé llevar por la ternura y aparqué mi *ciencia* y lo preparé para el viaje: le aumenté las dosis de corticoides, le añadí morfina por si tenía alguna crisis de dolor, le redacté un informe para su médico de allí por si necesitaba algo y lo animé a irse, aunque me quedé preocupado por la responsabilidad de dejarlo viajar en semejantes condiciones. Se marchó muy ilusionado, y pensé que quizá no volvería a verlo.

Pasaron las semanas y un día se presentó en la consulta mejor de lo que se había ido: estaba exultante. Me trajo unos regalos —una botella de aceite y una estampa de la virgen de su pueblo— y no paraba de contar la alegría de haber compartido las fiestas con sus amigos de la infancia y su familia. Entonces aprendí que, además de las evidencias que nos aportan las radiografías y los análisis, surge una fuerza interior en cada persona que le permite desafiar y superar situaciones que parecen imposibles.

Al cabo de un tiempo, Felipe fue empeorando y tuvo que ingresar en el hospital. Pasaba cada día a verlo en su habitación, y, aunque teníamos controlados los síntomas, se lo veía cada vez más débil. Un día, estando también su mujer, nos cogió a los dos y, con su acento granaíno, nos dijo:

—Ahí *eztán* mi médico y mi *mujé, la do coza* que *má nececito* en *ezta* vida. Y presten *uztede* atención a lo que *le* voy a *decí:* no *cean uztedez* tontos y no lloren por uno que *ze eztá* muriendo, que morirnos *noz* tenemos que morir todos, y ahora me toca a mí y no tienen *uztedez* que pasar lo que yo estoy pasando, ya lo pasarán *uztedez* cuando les toque la suya.

Después, nos dio unas indicaciones de su secreto para afrontar la situación con esa entereza y nos explicó, desde la sencillez, cómo había aprendido su «desapego por las cosas de la vida», como decía él:

—Miren *uztedes*, en la vida hay que aprender a dejar las cosas que uno tiene y ya no le sirven. A mí, don Benito, me *guztaba muxo* cazar, hasta que un día me di cuenta de que las piernas ya no me seguían y me dije: «Chiquillo, esto ya no es para ti». Y le di la escopeta a mi sobrino, que estuvo encantado, y yo de que él pudiera seguir; de vez en cuando aún me trae algún conejo y yo disfruto de haberle enseñado —guardó silencio unos segundos y cambió de tercio—. ¿Sabe usted, doctor? A mí siempre me ha *gustao* mucho estar con mi *mujé,* ¡ya me entiende!

—¡Ay que cosas tienes, Felipe, no hables de esto delante del doctor! —intervino su esposa.

—¡Calla, *mujé!* Verá: como le decía, poco a poco me di cuenta de que la cosa ya no iba, y me dije: «Felipe, esto *s'acabao,* ¡pero qué bien estuvo mientras funcionó!». Y así me he ido despidiendo de las cosas, y ahora me toca despedirme de la vida y de ustedes. Y quiero decirles que no se crean que no me doy cuenta de lo mucho que están haciendo ustedes por mí, quiero darles las gracias por todo lo que me han *ayudao* y que sepan que esto me lo llevo conmigo.

Su mujer y yo, conmovidos, lloramos al ver la grandeza de aquel hombre sencillo que, a pesar de su mal estado físico, en medio de su vulnerabilidad, era el dueño de su vida; desde la aceptación, nos daba una lección impagable de dignidad, coraje y gratitud.

La habitación de Felipe era acogedora, uno se encontraba a gusto allí; estaba habitualmente acompañado de sus hijos, nueras y nietos, murió al cabo de unos días con serenidad. Han pasado más de cuarenta años, pero siento que la vivencia y la enseñanza son atemporales. En esta historia se percibe que la sabiduría no es solo un logro intelectual, sino que también es fruto de saber vivir y discernir lo que puedes cambiar de lo que debes aceptar, aunque no te guste. Además, se ve cómo dejar de luchar contra aquello que no depende de ti te aporta el espacio y la libertad necesarios para seguir fluyendo. Alguien bien conectado con su paz interior, al no tener miedo, se puede permitir reconocer la ayuda y agradecerla.

«¡No tengas miedo!»

Cuando mi madre cumplió los setenta, sus problemas crónicos de salud empeoraron. Yo tenía entonces cuarenta y cinco años y estaba en mitad de la crisis existencial típica de mi edad. Habíamos llevado una relación difícil debido a nuestro fuerte carácter, que supongo que yo heredé de ella. Pero, al verla vulnerable, empecé a pensar que a veces había sido demasiado duro. María nunca llegó a aceptar la historia de mi hermano y vivió siempre con un fondo de amargura y pena. Me sentía mal por ella y conmigo mismo, por no haber sido capaz de *resolver su tristeza*.

La vida me ha enseñado mucho desde entonces, pero en aquellos días mi impotencia podía expresarse como enfado u hostilidad. Y notaba que, en ocasiones, esa impotencia la había manifestado enfadándome con mi madre por su depresión crónica y por no esforzarse en salir de ella.

Mi madre era en esa época una mujer obesa con insuficiencia cardíaca y respiratoria por una Epoc severa y con pocas ganas de vivir. Dada su condición, la ingresamos en mi hospital, en una habitación individual donde iba empeorando día a día.

La mañana de su muerte, la situación se había agravado, así que llamamos al médico; este, al verla, me dijo: «Enric, se está acabando». Mostraba signos de insuficiencia cardiorrespiratoria grave, labios y dedos azules, confusión y somnolencia, a pesar de la mascarilla de oxígeno a máxima presión. Se iba desconectando. Mi esposa y mi padre salieron de la habitación impactados al conocer el desenlace, mientras que yo me quedé a solas con ella. De repente, me di cuenta de que ya no iba a tenerla más y me apené al pensar que quizá había sido demasiado hostil, que quizá no le había dicho lo suficiente cuánto la quería. Sentí una enorme tristeza por perderla.

A pesar de que, en aquellos días, para mí el pozo de las lágrimas estaba muy profundo (los hombres no lloran), la situación me llevó a romperme y a empezar a llorar, a abrazarla y besarla; ante ese borbotón de amor, empezó a cambiar su ritmo respiratorio, con inspiraciones cada vez más profundas, lo que me sorprendió, ya que llevaba bastante rato aparentemente inconsciente. Tras un rato, abrió los ojos: estaba allí. Me miró y, con una energía impresionante que me atravesó, me dijo:

—No tengas miedo de nada.

Más allá de las palabras, entendí el mensaje: «Estoy bien, déjame marchar, déjame partir; ya sé que me quieres, pero suéltame, esto que me pasa está bien, estoy bien, y no temas, no tengas miedo, morir está bien organizado. ¡Eres tú, que no me sueltas y lo haces más difícil para los dos!». Este ha sido uno de los momentos más intensos y transformadores de mi vida.

En aquel momento, entró Catalina y se dio cuenta de que mi madre estaba consciente; le sorprendió vernos hablar, y recuerdo que, al apreciar la atmósfera del instante, afirmó: «Parece como si Jesús hubiera entrado en esta habitación».

Al rato, mi madre volvió a cerrar los ojos y a entrar de nuevo en la inconsciencia y en una respiración agitada y superficial. Nos dejó al cabo de un par de horas.

Creo que no se puede recibir de una madre una herencia mayor que la de que ella misma, en estos momentos sagrados y de tanta sensibilidad, te dé un mensaje tan claro. Es la frase que más veces repite Jesús en los evangelios: «No temáis».

Después del funeral, pasados unos días, seguía triste por la pérdida cuando una noche tuve lo que podríamos llamar un *estado modificado de conciencia;* no era un sueño común, porque la nitidez de la experiencia era incuestionable, sino una especie de *estado de sueño ampliado* en el que apareció un paisaje hermosísimo de naturaleza con flores, pájaros y fuentes de agua, todo paz, recorrido por un mensaje de mi madre: «¡Deja de llorar, deja de estar triste; yo estoy aquí, ahora soy esto! Estoy bien y necesito que tú también lo estés. Suéltame, por favor, vive, ¡no tengas miedo ni tristeza!».

Nunca había compartido esta historia porque en el entorno académico en el que me muevo no procede y podría ser interpretado muy mal. Pero sé que la experiencia cambió mi duelo. Además, hoy, a mi edad, ya me importa poco lo que piensen en mi entorno académico.

¡Gracias, mamá!

5
EL SENTIDO DE LA VIDA

La vida nos enseña que, si hay algo en la vida que nunca cambia, es, precisamente, el cambio permanente, es decir la *impermanencia* de todo. A principios de los años 80 sentí la necesidad de ampliar mi perspectiva clínica y empecé a moverme en el ámbito de la investigación; junto a otros compañeros, fundé fuera del hospital la Unidad de Epidemiología y el Registro de Cáncer de Mallorca, lo que suponía aprender epidemiología. Empezamos a relacionarnos con la Agencia Internacional para la Investigación del Cáncer, de la Organización Mundial de la Salud, con sede en Lyon, y a colaborar con grupos internacionales y participar en congresos y reuniones científicas por Europa.

El equipo crecía y yo me iba alejando de los enfermos para centrarme en las estadísticas, la informática, los sofisticados métodos de análisis multifactorial y regresión múltiple... Pasaba mi tiempo en reuniones de gestión y dedicado a las publicaciones científicas, las ponencias y los viajes. Algún tiempo después me di cuenta de que este camino me ayudó a aprender mucho de la metodología científica y a forjar un cierto currículo y, a la vez, me alejó del objetivo que me había marcado en la infancia y me llevó a descubrir que salirse del camino de tu propio viaje conlleva un caro peaje. Forzándose a trabajar, aquel niño de pueblo había llegado a lo que consideraba la cúspide de la ciencia, aunque estaba cada vez más triste y vacío por dentro.

Una noche, en una reunión en el colegio de médicos con un grupo de investigación de doce personas que yo coordinaba, de nuevo pasó algo que cambió mi vida. En mitad de la sesión, de repente afloró todo el agotamiento acumulado, y percibí que mi huida hacia delante había llegado a su fin. La sensación fue como si alguien, cansado de verme sufrir sin saber cómo aflojar, le hubiese cortado los hilos a un títere y la marioneta hubiese caído al suelo. Los demás interpretaron mi desmayo como agotamiento físico por estrés y sobrecarga laboral. Me recuperé parcialmente y tuvieron que acompañarme a casa; al día siguiente, al despertar, comprendí que se había desmoronado el mundo falso que había construido en los últimos años para sentirme importante y que me había alejado de mi fuente de alegría.

Lo más duro era que no sabía cómo salir del laberinto que había creado y que ahora me aprisionaba.

La noche oscura del alma y la sabiduría del corazón

Pasados unos días me llevaron al psiquiatra con el diagnóstico de depresión por estrés. El especialista se llamaba Victorí, y era un buen médico, gran amigo y mejor persona: me escuchaba un rato y me daba Prozac, que me producía estreñimiento y sequedad de boca. También visitaba a un psicólogo, Guillem, que me escuchaba más y que trataba de ayudarme a encontrar la salida del laberinto en el que me encontraba: era una noche oscura del alma, una crisis existencial.

Poco a poco fui recuperando cierta energía, pero seguía profundamente triste y cansado de vivir, y, al mirar a los ojos al psiquiatra, me daba cuenta de que él tampoco entendía qué me estaba pasando. Si quería salir de aquel infierno, debía averiguarlo por mí mismo. Fueron seis meses muy difíciles, en los que me sostuvieron en especial Catalina y mis hijos, pues yo había perdido por completo la confianza en mí mismo. Estaba de baja laboral, tirado por casa, como si las lágrimas que me había prohibido expresar durante cuarenta y cinco años salieran ahora brotando de un profundo contenedor del que fluían por rebosamiento: lo tenía saturado.

Sabía que la salida no podía ser intelectual; esto era algo más profundo, del espíritu, el mismo que tenía bastante abandonado tras mi rechazo de la religión a los diecinueve años. Entonces la Iglesia católica paseaba a

Franco bajo palio como si fuera Dios, y yo había decidido meter en el mismo cajón a Franco, a la Iglesia y a Dios, los había mandado al garete a todos y me había quedado solo con la ciencia.

Al revisar mi historia, me di cuenta de que, con aquella decisión, me había quedado espiritualmente huérfano, pero necesitaba reencontrar mi alma. También veía claro que no quería volver a pagar ningún peaje a ninguna empresa que pretendiera tener la franquicia en exclusiva de Dios; no necesitaba más creencias, sino experiencias y evidencias, aunque tampoco sabía cómo volver a conectar con mi espíritu sin pasar por los intermediarios.

En mi adolescencia había conocido el yoga, así que decidí retomarlo: me acerqué a un centro de la ciudad dirigido por un discípulo de la Escuela de Yoga de Bihar. A los pocos meses, ese maestro organizó un viaje a la India al que me apunté. No sabía qué buscaba, aunque intuía que me faltaba encontrar algo que no estaba en los libros de medicina ni de epidemiología.

Con nuestro profesor, nos fuimos un grupo de unas veinticinco personas al Centro de Yoga de Bihar, cuyo fundador había sido Sri Swami Satyananda Saraswati, ya fallecido; estuvimos un par de semanas en el *áshram* de Munger, en un congreso internacional de yoga. Un día nos ofrecieron la posibilidad de tener una audiencia con el viejo maestro Swami Sivananda, heredero del fundador, quien, aunque era mayor y estaba jubilado, vivía apartado del áshram: para verlo debíamos recorrer bastantes kilómetros, pero nuestro profesor parecía feliz de haber conseguido que un santo recibiera a este grupo de mallorquines. Aquella persona desprendía una gran paz y ternura; y nos preguntó de dónde éramos, y, al decirle que éramos españoles, empezó a hablar en castellano:

—Si son españoles, ¿qué hacen aquí? ¿Qué han venido a buscar? ¿Por qué no escuchan a sus maestros san Juan de la Cruz, santa Teresa de Jesús o san Ignacio de Loyola, en lugar de venir a una tierra extraña buscando dioses desconocidos en una lengua que no es la suya?

Nos quedamos bastante sorprendidos, y, a continuación, preguntó:

—¿De qué parte de España son ustedes?

—De Mallorca —respondimos con timidez.

—Nunca he estado en Mallorca —contestó—, pero aún puedo recordar la energía espiritual de las montañas de Montserrat, en Cataluña; vayan a su tierra, busquen los lugares sagrados, encuentren a sus maestros; eso es lo que necesitan.

Esa es una lección de sabiduría de un verdadero maestro.

Cuando regresamos de la India, yo seguía con mi tristeza y mi ansiedad y trataba de entender por qué me estaba pasando todo aquello; sabía que la solución no pasaba por la mente: pensar era aumentar el ovillo de la confusión.

En la India me habían regalado un *mala,* una especie de rosario de cuentas que sirve para ir repitiendo un mantra que también nos habían dado; se trataba de una oración *shivaíta,* algo así como «Om namah shivaya». Un día, mientras paseaba triste y ansioso por el jardín de casa con el *mala* en la mano, reiterando esas extrañas palabras —supongo que cansado de verme buscar por sitios equivocados—, apareció mi voz interior, que, con fuerza, me inspiró la siguiente intuición:

—¿Por qué te empeñas en rezar a un dios extraño, en una lengua incomprensible, cuando te bastaría decir «padre nuestro»?

Me sorprendió la intensidad del mensaje y me quedé un rato en silencio; cansado de sufrir, desde lo más hondo de mi corazón y con un profundo anhelo, pronuncié de forma respetuosa y bastante desesperada:

—¡Padre nuestro!

No puedo poner en palabras la experiencia que allí se dio. Sería algo como que, de repente, el tiempo se paró y sentí que se habían abierto las puertas del universo y las de todas las percepciones: todo era uno, y yo era ESO.

Me inundaron una paz, un silencio y una ternura inmensos y comprendí que aquel era un estado de conciencia que siempre está ahí; no lo puedes encontrar con tu mente, sino solo desde la humildad y la apertura de corazón y, en mi caso, desde la desesperación. Entendí que esto es lo que llamamos *el cielo* —aunque no tiene nombre— y también que es lo que somos todos, aunque vivamos sin ser conscientes de que nos sostiene y alimenta.

La experiencia me transformó profundamente; de alguna forma, supuso un cierto cambio de nivel de conciencia y una manera de ahondar en mi identidad. Empecé a sentirme conectado cada vez más con ese nivel de *conciencia testigo,* que después descubriría que se ha descrito como el *observador* o, ya en la filosofía estoica, se había denominado *principio rector* o *hegemonikón:* lo que está detrás de todo y que eres tú mismo.

Descubrí que, si me situaba en ese *espacio de conciencia,* podía percibir sin identificarme con los contenidos de lo observado, sin juicio, sin resistencia ni apego, y dando un valor relativo a los pensamientos, emociones, acciones, incluso a mi personaje, el que interpreto para moverme por este mundo. Esta percepción, que supone un cambio de nivel de conciencia, se acompaña de mayor ecuanimidad y libertad interior.

Desde aquí, comencé a discernir que había una parte de mí que estaba triste, pero que había otra capaz de observar la tristeza; y, en ese espacio de observación, había paz, conciencia, sabiduría y capacidad de entender.

Me empecé a situar en aquel espacio cada vez con mayor facilidad para revisar por qué me había pasado esto, cómo había llegado a triunfar socialmente y fracasar en lo espiritual. Cómo era posible haber triunfado en lo académico y sentirme profundamente desconectado de la fuente de mi alegría. Y te aseguro que, cuando preguntas desde la autenticidad y la necesidad, cuando observas desde la conciencia testigo, las respuestas llegan; lo hacen sin juicios de valor, y te ayudan a entender la realidad de una manera más profunda. Alguien dijo «pedid y se os dará»; por mi experiencia, sé que es cierto.

Descubrí que me había olvidado de mi promesa a mí mismo a los diez años, cuando, en la muerte de mi abuelo, me prometí: «Esto no acabará así». Recordé el accidente de tráfico con la bicicleta y mi intuición me mostró cómo allí había decidido ser médico. Me di cuenta de las habilidades y los dones que tenía para acompañar el sufrimiento y cómo, sin embargo, los había abandonado para conseguir fama, prestigio y poder en un entorno que no me correspondía.

De alguna manera, había abandonado mi camino malvendiendo mis destrezas y mis recursos para servir no a la vida, sino a mi personaje, y, seducido por la fama y el prestigio académico, me había alejado de los pacientes y vivía en un mar de publicaciones científicas, sin vida. La tristeza era consecuencia de vivir en un mundo que no era el mío.

Mi conciencia testigo me mostró, sin juicio ni castigo, cómo este niño que enseñaba las notas a su mamá para alegrarla seguía queriendo sacar buenas notas con sus éxitos académicos, pero aquello entonces era absurdo, pues ya no había nadie para aplaudir sus éxitos y ese camino lo llevaba a encontrarse cada vez más triste por haberse alejado de su alma.

Comprendí que la tristeza y el cansancio eran señales que no había escuchado por estar desconectado de mi corazón. Y, como se deshace un ovillo enmarañado, poco a poco, desde la mirada más sabia que, de alguna manera, se había despertado en mí, pude ir deshilvanando mis líos y recuperando una mayor comprensión de mí mismo y de la realidad.

Finalmente, descubrí la riqueza de la experiencia que me había traído hasta aquí y me mostró el camino, el que ahora me tocaba andar. Este hallazgo, esta otra forma de entender la realidad desde el observador o siguiendo los dictados de la intuición —lo que también se ha llamado la *sabiduría del corazón*— más que del razonamiento, era, por una parte, una especie de bendición que me ayudaba a ir por la vida sintiéndome guiado y acompañado, pero, al mismo tiempo, era algo que no podía explicar en el mundo científico (me habrían ingresado en el psiquiátrico).

Entendí la expresión «la verdad os hará libres», y la verdad era siempre accesible siempre que hicieras silencio en tu mente y escucharas tu intuición. Me sentía cada vez más conectado con esta *nube de sabiduría que me inspiraba;* me acostumbré a pedir ayuda a lo más sagrado y me fueron llegando mensajes que había que aprender a interpretar. Descubrí que la intuición es el lenguaje del alma.

La mente no sabe estas cosas que son verdad; sus contenidos son útiles a otro nivel, pero el corazón es la sede de la sabiduría. Y comprendí que, si volvía a conectar con mi alma y me dedicaba a lo que había prometido en mi infancia, me llegarían las ayudas y los recursos y podría hacer un camino único para ayudar a mucha gente a transitar el itinerario que es el proceso de morir.

6
LA CONFIANZA Y EL CORAJE SON FRUTOS DE LA COHERENCIA

Tras seis meses de baja, regresé al hospital, pero ya no era el mismo: habían cambiado mi perspectiva de la vida y de la medicina y mis intereses. Era una nueva versión del doctor Benito. Tenía cuarenta y siete años y estaba decidido a dejar la oncología para empezar a hacer algo más cercano a mi corazón, y ese algo se llamaba cuidados paliativos. Tiempo antes había encontrado el libro *Sobre la muerte y los moribundos,* de Elisabeth Kübler-Ross, que me había fascinado. También me impresionó *El cuidado de los moribundos,* de Cicely Saunders, la pionera internacional de los cuidados paliativos.

De nuevo, solo Catalina me apoyó en la locura de dejar una carrera de más de veinte años, con una consulta privada boyante que complementaba mi sueldo para pagar la universidad a mis hijos y una trayectoria profesional y académica exitosas. Descubrí de forma experiencial que no somos únicamente lo que creemos ser, sino que, en parte, también somos la imagen que los demás tienen de nosotros, esta puede ser difícil de cambiar. O, por lo menos, a mí me costó dejar de apoyarme en las expectativas de los demás y hacer lo que sentía que debía hacer, aun a expensas de su desaprobación o incluso de sus zancadillas para evitar el cambio. Pero las dificultades son para traspasarlas, adquirir más confianza en la propia intuición y ganar coraje.

No iba a ser fácil que me dejaran partir, en especial los compañeros que no entendieron mi cambio.

Íntimamente, había decidido no seguir tratando tumores y ser médico de personas, para cuidarlas y acompañarlas en los momentos de mayor vulnerabilidad, en el proceso de morir. Aunque esto supusiera empezar una nueva especialidad.

Con los años, he aprendido que las dificultades y las resistencias del entorno son necesarias para adquirir resiliencia. Lo fácil no cultiva la consistencia ni la fortaleza necesarias para cumplir nuestro destino. La confianza y el coraje se adquieren a través de la práctica en afrontar los problemas y superarlos.

Recuerdo una discusión en el almuerzo semanal con mis compañeros oncólogos, en la que intentaba convencerlos de mi cambio a cuidados paliativos. Uno de ellos me dijo:

—Debes de seguir deprimido, porque morir es lo peor que le puede ocurrir a alguien y trabajar con los moribundos es insoportable, no lo vas a aguantar.

—Morir no es lo peor que te puede ocurrir —le contesté con tranquilidad—; lo peor es morir solo, con dolor o con miedo, y, si estoy allí para ayudar a aliviar el dolor, la soledad y el miedo, creo que me sentiré feliz.

—Pero para hacerlo necesitarías creer que la muerte no es el final, no me jodas que ahora te has convertido.

Hubo un silencio, lo miré con cierta tristeza y le respondí:

—Lo siento por ti si crees que la muerte es el final.

Fin de la conversación. El aire se podía cortar; me di cuenta de que no podía negociar ni tratar de explicar mi posición a los que no podían entenderme.

Comprendí que el cambio debía hacerlo solo, sin apoyos, o, mejor dicho, con el apoyo de la firmeza de mi conexión con la fuente que me sostiene y cuya voz me llega a través de la intuición. El proceso costó bastante: entre que regresé de mi depresión y el momento en el que conseguí un nuevo empleo en cuidados paliativos, pasaron casi dos años.

Tenía que formarme en cuidados paliativos, así que a los cuarenta y ocho años me inscribí en el máster de la Universidad de Barcelona, donde aprendí el manejo de fármacos para el dolor, aspectos de comunicación, de bioética y de trabajo en equipo y a acompañar en la agonía. Muchos elementos de aquella formación me han servido desde entonces, aunque descubrí que la parte que más me interesaba —la que hacía referencia al sufrimiento, la espiritualidad o la compasión— no la teníamos todavía integrada en el ámbito académico.

En esos momentos, en los que iba abandonando la oncología y los cuidados paliativos no se acababan de concretar, mi padre enfermó y falleció.

Despido a mi padre y empiezo paliativos

Tras quedar viudo, mi padre pasó por un duelo largo en el que lo acompañé como pude. Finalmente, la familia, los amigos y una amiga especial —Josefina— lo ayudaron a superarlo, y, a sus setenta y ocho años, su única responsabilidad era Tito.

Tito ha marcado profundamente nuestra historia. La necesidad de garantizar su cuidado nos había llevado tiempo atrás a ponernos en contacto con la asociación Amadip Esment, que, con el esfuerzo de muchos padres y familiares, había construido junto con la administración muchos recursos, entre ellos, una residencia para personas con discapacidad profunda, como mi hermano. Al abrirse el centro, discutimos con mi madre, que, de entrada, se negaba a ingresar allí a Tito; finalmente, aceptó, y ahora él estaba exquisitamente cuidado en un lugar adonde mis padres iban a verlo y darle la merienda a diario, hasta que murió mi madre. Después, la rutina de mi padre consistía en visitar a Tito cada tarde; yo solía acompañarlo una vez por semana y dábamos una vuelta en mi coche los tres. Mi hermano disfrutaba de la familia, se emocionaba cuando mi padre llegaba; yo era solo el chófer, en mí tenía menos confianza.

A partir de los setenta y nueve, mi padre empezó a sufrir problemas físicos: primero, una diabetes, más tarde, un pequeño ictus que lo dejó con pérdida de memoria reciente, como si hubiera olvidado los últimos años. Y todo se complicó con una insuficiencia cardíaca. A pesar de que lo cuidábamos, llegó un punto en el que debimos ingresarlo en el Hospital General, donde entonces yo lidiaba por dejar la oncología y pasar a cuidados paliativos.

Me di cuenta de que a mi padre le quedaba poco tiempo; estaba muy ausente en lo mental, aunque aún podía caminar. Usábamos una prueba para explorar el deterioro cognitivo con preguntas como: «¿Sabe usted qué día es hoy?». O: «¿Quién es en la actualidad el presidente del Gobierno?».

Así era nuestro diálogo, que da una pista de cómo era su forma de ser:

—Papá, ¿sabes qué día es hoy?

—Qué tontería me preguntas, está claro que tú sabes qué día es hoy, ¿a qué viene esta pregunta?

Era listo como un zorro, no lo podía pillar por ahí, pero patinaba cuando le preguntaba: «¿Te acuerdas de quién es el presidente del Gobierno?». Entonces se delataba y respondía «Adolfo Suárez», que hacía años que no gobernaba pero que para él había sido el mejor.

En esas circunstancias, un domingo por la mañana le pedí permiso a la enfermera para llevarme a dar un paseo a mi padre, le puse ropa de calle y fuimos a ver a Tito a la residencia. No sabía por dónde pasábamos, decía no conocer ninguna calle. Cuando llegamos a la residencia, avisé a los monitores para que trajeran a mi hermano; Tito se acercó a nosotros, caminando agarrado al monitor, y lo que ocurrió fue impresionante: nos miró a los dos como hacía él, girando a veces la cabeza y un poco de reojo; intuyo que sintió que nuestro padre estaba un poco *ido,* se acercó y me cogió a mí del brazo para ir a caminar. Me conmoví y dije:

—Papá, ¿has visto cómo me quiere? Yo me encargaré de él, quiero que estés tranquilo.

En un destello de lucidez, mi padre se debió dar cuenta, se conmovió y afirmó: «¡Qué suerte hemos tenido!». Y nos abrazamos los tres.

De vuelta en el hospital, a los pocos días empeoró: pasaba horas inconsciente y apenas comía, y el médico que lo atendía, Ramón, un amigo internista, le indicó sueroterapia y, a ratos, llevar una mascarilla de oxígeno.

Una mañana, cuando Ramón fue a visitarlo, yo me encontraba en la habitación. De repente, mi padre, semiinconsciente, empezó a hablar; como lo conocía, intuí por su tono de voz que iba a pasar algo. Mientras Ramón intentaba auscultarle el pecho, le dije:

—Ramón, deja el fonendoscopio y escúchalo a él.

Mi padre hablaba de sí mismo en tercera persona:

—A este hombre lo tenéis atado aquí con todos estos tubos y cables y no puede marcharse. Eso no se hace, este hombre debe partir y debéis retirar todo esto para que pueda marcharse. Vosotros sois los que se los han puesto y deberíais soltarlo para que pueda irse.

Ramón y yo nos quedamos sorprendidos. Pensé que ya estaba bien de sueros, oxígeno y demás cables, como decía mi padre. Por la tarde le pedí a la enfermera que le retirara todo, y, aunque mi padre estaba tranquilo, le puse algo de midazolam. Pasó una noche de agonía tranquila. A la mañana siguiente, llamé a Josefina, su compañera de los últimos años, y a mi hermana. A las pocas horas se fue en paz.

Yo estaba mejor preparado que cuando nos dejó mi madre, y, para sorpresa de mi hermana y Josefina, recé en voz alta una versión mía de la oración de difuntos que dice:

—Venid en su ayuda, ángeles del cielo, salid a su encuentro, ángeles del Señor. Recibid su alma y presentadla ante el Altísimo. Cristo, que te llamó, te reciba, y los ángeles te conduzcan al regazo de Dios. Recibid su alma y presentadla ante el Altísimo. Concédele, Señor, el descanso eterno y brille para él la luz eterna.

En la habitación reinaba la paz; se había ido mi mejor maestro, la persona con mejor corazón que he conocido, y se había ido como lo que era, un señor, con toda su dignidad y el amor de los suyos. Y yo estaba agradecido de haber tenido el privilegio de cuidarlo y acompañarlo.

Llegó el momento del papeleo con la funeraria y de preparar el funeral; elegí poner la cantata de Bach titulada *Jesús, alegría de los hombres,* y, al final, antes de que los asistentes pasaran a consolar a los familiares, subí al púlpito; ante una iglesia llena, hablé de mi padre y acabé citando la frase de San Agustín en la muerte de su madre: «No lloréis por haberlo perdido, alegraos de haberlo conocido».

Mi hijo tenía entonces diecinueve años; hoy es uno de mis mejores amigos, pero, en aquella época, en general no estaba de acuerdo conmigo en casi nada. Sin embargo, tras el funeral, emocionado, vino a abrazarme y me dijo: «¡Lo has hecho muy bien!». Eso fue otro regalo.

En ese momento, en el Hospital Universitario estaban organizando la incipiente unidad de cuidados paliativos. A los pocos días del funeral me llamaron de parte del gerente, que me propuso la coordinación del equipo.

Superadas ciertas resistencias administrativas que me pusieron a prueba, el día 2 de noviembre del año 2000 dejé definitivamente la oncología para entrar en esta nueva etapa. Aprendí que lo que vale cuesta y que no se nos regala nada; solo los perseverantes consiguen sus objetivos, en especial cuando abren nuevos caminos que se enfrentan a lo establecido y deben vencer la resistencia al cambio.

Historias y lecciones aprendidas

A través del acompañamiento de los pacientes, cientos de vivencias fueron forjando una nueva forma de entender la medicina, la vida y nuestra naturaleza como personas, y sentía cada vez más confianza para acercarme a mirar a la cara el proceso de morir. Estas vivencias siguen muy presentes en mi corazón, y me parece justo rendir homenaje a los pacientes, mis maestros, que en veinte años de trabajo en oncología me enseñaron impagables lecciones de vida de las que ahora comparto algunas.

Juan: el apego, la aceptación y la trascendencia

Juan, de cincuenta y tres años, e Irene eran una de las parejas más unidas que he conocido. Ambos eran arquitectos, compartían un trabajo en el que los dos habían destacado profesionalmente. No tenían hijos, y, cuando juntaron sus capacidades creativas, empezaron a destacar en proyectos internacionales; llevaban una vida apasionante, viajaban, publicaban libros, daban conferencias, vivían el uno para el otro y los dos para su pasión, la arquitectura, hasta que a Juan le diagnosticaron un cáncer de pulmón incurable.

Irene se volcó con todo su amor como una loba para protegerlo: quería salvarlo. Tras algún tiempo buscando remedio, viajando, sin conformarse con opiniones que no aceptaban, recorriendo hospitales americanos y españoles, buscando esperanza en nuevos tratamientos, la situación física seguía empeorando.

Me llamaron a consulta desde la clínica de Palma donde Juan estaba ingresado. Antes de visitarlo, estudié su historia clínica y quedé impresionado al ver unas radiografías y unos análisis casi incompatibles con la vida. Pasé a la habitación y me encontré a un paciente caquéctico, con un gran deterioro físico y que mantenía un débil nivel de conciencia. Percibí que había mucho sufrimiento en aquella estancia y, al ir a saludarlo, su esposa, Irene, me presentó diciéndole:

—Mira, Juan, ¡aquí está el médico que te va a curar!

Me acerqué, lo exploré y comprobé el sufrimiento de aquel hombre, que se estaba agarrando al borde del precipicio de la agonía. Debí de decir alguna palabra de aliento y salí de allí impactado, pues intuía que se trataba de un paciente preagónico que se mantenía con vida tan solo por la negativa de su enamorada a dejarlo partir. Ambos estaban sufriendo, y me pareció que él no se atrevía a *abandonar* a su esposa, que le daba coraje y cariño. Mantenía la esperanza de curarse.

Al salir de la habitación, me centré y me acerqué a la mujer de Juan, que estaba acompañada de algunos familiares; recuerdo que sentí el impulso de la honestidad y una cierta preocupación por lo que iba a hacer. La tomé de ambos hombros, la miré a los ojos y le dije:

—Lo que voy a decir no te va a gustar, pero este hombre se está muriendo y no se atreve a irse por lo mucho que te quiere y para no defraudarte en la lucha que mantienes para que no se vaya. Necesita que lo dejes ir. Necesita que le des permiso, ceder, dejar de resistir, aceptar, permitir que pase lo que tenga que pasar. Intentas contener un tsunami con las manos que te está llevando a ti también. Los dos sufrís, y os hará bien a ti y a él aceptar y dejar que se vaya.

Como es evidente, una intervención así debe hacerse con acogida, desde el respeto y el afecto, sin juicio y desde un vínculo afectivo con la persona.

Con ternura hice ver a Irene que debía ceder, soltar, dejar ir, aceptar la realidad y abandonar la resistencia que los mantenía a los dos en un sufrimiento sin salida. Tras vencer su resistencia —la verdad siempre busca abrirse paso—, conectó con la parte de sí misma que sabía que esto era verdad, lloró abundantemente y aceptó mi recomendación; imagino que, después de irme, fue a hablar con su marido en lo que debió ser una tierna y dura despedida. Al cabo de pocas horas, él se durmió y falleció tranquilamente.

Tras la muerte de Juan, Irene me llamó para pagarme la consulta, pero me negué a pasarle factura. Me regaló un cuadro que aún conservo.

Esta historia me impactó. Aprendí que el coraje que me llevó a hacer algo que no había aprendido en ningún libro de medicina —con la intención de ayudar— me llevó a entender que hay lazos de amor que no vemos y que deben ser tenidos en cuenta cuando tratas con personas. Que a los médicos no nos han enseñado a explorar y gestionar las emociones, aunque sean muy poderosas.

Intuyo que, en el futuro, las facultades de Medicina enseñarán a entender y atender los aspectos emocionales y espirituales, de los que hasta ahora hemos sido unos ignorantes. Tal como se ignoraban hace siglos las bacterias o los efectos de las radiaciones.

También aprendí que el apego y la resistencia a la aceptación de la realidad no la modifica —solo aumenta el sufrimiento— y que, cuando reconocemos la verdad y aceptamos y dejamos fluir la vida, podemos navegar mejor por ella y sobrellevar estas situaciones.

La actitud valiente para confrontar a alguien que está en una negación de la realidad exige coraje, aunque dicha intervención solo puede hacerse desde una conexión previa con la persona, desde una acogida incondicional y desde una compasión que le facilite abrazarse a la verdad que le traes para liberarse de una tensión interna que puede llegar a ser insostenible.

Algún tiempo después, escribí esta historia para una conferencia pública y le mandé a Irene una copia. Ella me llamó: «Tenemos que tomar un café y hablar, porque no lo cuentas como fue en realidad, yo te contaré la versión real». Quedamos y me dijo: «Mira, cuando viniste a vernos, yo llevaba más de tres días sin dormir, velando por miedo a que Juan se muriera. Yo lo veía y no quería verlo. Cuando tú me confrontaste y me pusiste en mi sitio, me desmoroné, me vine abajo, y, tras llorar en abundancia, cuando te fuiste, me relajé y me puse a dormir. A las pocas horas, desperté súbitamente sintiendo que pasaba algo: él acababa de morir. ¡Me indigné!, me acerqué, lo tomé en mis brazos, le grité: "¡Juan, no te vayas!". Él, que apenas había dejado de respirar, volvió, abrió los ojos, me miró, y yo pude sentir que lo hacía con un gran esfuerzo y que, efectivamente, debía soltar, no podía retenerlo. Lo abracé y murió en mis brazos. Quedé impresionada y tranquila de ver cómo había vuelto solo para dejarse ir en mis brazos. ¡Ahora ve y cuéntalo bien!». Y eso hago.

Francisca: «Creo que me estoy muriendo y no me lo quieren decir»

Un amigo médico me invitó a conocer a una amiga suya con cáncer que pedía hablar con alguien de temas personales. Estaba ingresada en una clínica privada y fuimos juntos a verla. Francisca tendría 50 años, era soltera —estaba acompañada de su madre— y tenía un cáncer de mama avanzado. Entramos en la habitación, saludamos, nos presentamos y le pregunté:

—Francisca, ya sabes que soy oncólogo. Dime, ¿en qué puedo ayudarte?

Cómoda con la conversación, dijo:

—Creo que me estoy muriendo y no me lo quieren decir.

—Gracias por tu sinceridad, Francisca, me gusta trabajar con gente valiente. ¿Qué necesitas saber?

—Me gustaría saber cuánto tiempo me queda de vida para organizarme —respondió ante la sorpresa y el silencio de su madre y de su amigo médico.

¿Cómo respondes a esta pregunta con honestidad, sin mentir a una persona a la que acabas de conocer y que no sabes cómo va a reaccionar? Era consciente de que la estrategia habitual de dar aproximaciones estadísticas con amplios márgenes de tiempo es una forma de salir del paso que al paciente no le sirve y que, además, le descubre que el médico tiene miedo de hablar claro.

Habían pasado años desde que, a mis veintitrés, me bloqueé con Tomeu, ahora lo haría mejor. Respiré hondo y le dije:

—Francisca, los médicos no tenemos ninguna prueba, ni análisis ni radiografía que nos permitan dar una respuesta precisa a esta pregunta; sin embargo, gracias a nuestra experiencia de ver muchos pacientes, tenemos alguna intuición sobre la expectativa de vida en diferentes situaciones. En mi trayectoria profesional, he aprendido que los pacientes también tienen sus propias intuiciones, y te diría más: estas suelen ser más precisas que las de los médicos. Desde semejante perspectiva, yo te preguntaría: Francisca, ¿tú cuánto tiempo crees que te queda?

Este texto no puede transmitir la actitud de acogida, respeto, afecto e interés que sostenían mis palabras.

Se hizo un silencio largo mientras ella buceaba en su intimidad, y, al cabo de un rato, contestó:

—Creo que debe quedarme como un mes.

—Y, si fuera así, ¿qué te gustaría hacer? —le pregunté sin afirmar ni negar su expectativa.

Francisca, que, de alguna manera, se había dado permiso a través de nuestra charla para confirmar lo que ya sabía, empezó entonces a enumerar:

—Quisiera que me quitaran estos sueros, me pasaran la medicación en pastillas, poder irme a casa y ordenar mis cosas antes de irme. Me gustaría preparar mi funeral y ponerme de acuerdo con mi madre: ella quiere que sea en la iglesia de San Jaime y yo prefiero la de San Miguel.

En realidad yo no dije nada, solo facilité que ella pusiera palabras a sus propias intuiciones.

A la mañana siguiente la llamé por teléfono, para saber cómo se encontraba, pero estaba en el baño, así que cogió el teléfono su madre:

—Doctor, muchas gracias; está mejor. Esta noche pasada hemos dormido bien por primera vez después de mucho tiempo y esta tarde nos vamos a casa.

Cuando la verdad entra en una habitación, al comienzo puede ser portadora de tristeza o ser dolorosa, pero siempre se acompaña, después del primer momento, de una atmósfera de paz. Creo que es porque la verdad disuelve el velo de la incertidumbre y permite saber a qué nos enfrentamos; rechazarla es siempre fuente de tensión y sufrimiento. La verdad nos hace libres, nos da la información necesaria para ejercer la libertad última, que consiste en decidir con qué actitud afrontamos y vivimos aquello que nos pasa y que generalmente no podemos cambiar.

Sobre el servicio, el éxito y la gratitud

Con los años, he observado que todos compartimos un profundo anhelo de felicidad, es decir, todos venimos a este mundo con una sed inagotable de plenitud. A menudo, pasamos parte de la vida buscando esa felicidad en lugares equivocados, en las experiencias, las relaciones, el dinero, el prestigio o el poder. Yo, como muchos otros dedicados a cuidar y acompañar, la he descubierto en la relación de ayuda.

Los profesionales de la sanidad, al igual que otros trabajadores de la ayuda, como los docentes o como quienes cuidan nuestra dependencia, sabemos lo que significa la expresión el *gozo de cuidar* o la *satisfacción de la compasión*. El premio, aparentemente oculto para un observador externo, es la sensación interna de saber que estás haciendo lo adecuado. Al ayudar a alguien a salir de su malestar, es como si el universo se alegrara y te dijera «¡bien hecho!» y tú sintieras que fluyes en un río de una energía gozosa y gratificante de la que formas parte.

Cuando trabajas para aliviar el sufrimiento, y lo haces sin otro interés, sin buscar el éxito o el dinero, ni siquiera el reconocimiento, a menudo sientes cómo la misma vida te inspira para ser útil. Es algo muy sutil pero real que conocemos muchos profesionales sanitarios y de distintos sectores relacionados con la ayuda. Tu actitud de servicio parece llamar a la energía que te sostiene para poder hacer aquello que debe ser hecho. Y, si sabes estar en esa actitud, a menudo sientes el gozo de cuidar, acompañar y servir.

Cuando, desde la humildad, te pones a servir para aliviar el malestar de otros y se dan circunstancias complicadas por las que te ves superado y te bloqueas, si te ves como un canal, como un instrumento de la vida que solo busca el bienestar, y solicitas inspiración o ayuda, puedes sentir en tu interior una cierta guía que te ayuda a hacer lo que conviene en cada momento. Esto supone, entre otras cosas, tener una intención diáfana, limpia de interés personal, y un corazón compasivo, pero también un desapego de los resultados. Es decir: hay que dejar que la vida fluya, que sea lo que tenga que ser, con la consciencia de que tu trabajo es disponerte a servir. A menudo, la labor no resulta fácil, pues estamos tan identificados con lo que hacemos que creemos que, si las cosas salen bien, es gracias a nuestro esfuerzo, y, si no, es porque hemos hecho algo mal. Cuando trabajas sin apego a los resultados, sin protagonismo, dejando que fluya la vida a través de ti, sin interferir con tus juicios, ganas libertad y profundidad y descubres que no existe la culpa, sino la responsabilidad. También descubres que tu responsabilidad consiste en hacer todo lo que te sea posible, con la convicción de que los resultados no dependen solo de ti: existen circunstancias que no controlas, y, por tanto, no eres responsable ni del éxito ni del fracaso.

Enfadarse con la realidad porque no se comporta como deseas es como hacerle una auditoria al universo donde tú decides que este está mal organizado. Es decir, una criatura que pertenece a la vida y que apenas entiende una pequeña parte del diseño y el despliegue de la misma se atreve a juzgar y calificar diciendo: «¡ESTO ESTÁ MAL!». Un poco soberbio, ¿no?

Durante años, cuando los pacientes o familiares me daban las gracias, me sentía feliz; desde mi identificación con el personaje del doctor Benito, me hinchaba de orgullo, y eso no es muy sano. Me ha costado tiempo entender que somos un canal por el que, si nos retiramos y dejamos espacio, puede fluir la energía de la vida, el amor, la sabiduría o la compasión para servir, y ese es el flujo que nos conecta con una realidad más profunda, auténtica y gozosa de la que formamos parte.

Las enseñanzas para ir mejorando me han llegado generalmente a través de mis maestros. Recuerdo que un día, trabajando como oncólogo, el padre de un paciente, un hombre sencillo a cuyo hijo habíamos curado de una enfermedad de Hodgkin, me dio una excelente lección sobre el éxito y la gratitud:

—Doctor, necesito decirle algo... Pero antes debo avisarle de que no quiero que usted tome importancia.

Y, a continuación, con energía y gratitud, me dijo:

—Gracias, usted ha salvado la vida de mi hijo.

Su aviso me ayudó a no asumir personalmente el éxito de la curación de su hijo y a desviar esta gratitud a la fuente que me había inspirado.

En aquellos años 90, los oncólogos éramos algo envidiados en el hospital por la cantidad de regalos que —sobre todo en Navidad— nos llegaban. Incluso pensé que algunos venían con una cierta intención de *comprar* la curación.

Al dejar la oncología, pasar a cuidados paliativos y, en lugar de a salvar vidas, empezar a dedicarme a acompañar a los que no ya no se podían curar, observé que la gratitud no estaba ligada a la curación. Aquí, adquiría una calidad más básica, sus motivos eran quizá más profundos, desinteresados y auténticos.

El entorno de cuidados paliativos, como sabes, se caracteriza por la vulnerabilidad, la dependencia, el deterioro, la incertidumbre y la presencia intuida, y a menudo no expresada, de la proximidad de una despedida, del morir. Los profesionales de cuidados paliativos no podemos fundamentar nuestro éxito en la curación, sino en el bienestar, el confort, la calidad de la vida y, en especial, la calidad de la muerte de aquellos a los que acompañamos. Para atender sus verdaderas necesidades —no solo las físicas, emocionales y sociales, sino, principalmente, las espirituales— se debe establecer una conexión humana íntima entre el equipo y el paciente y su familia, una conexión que a menudo nos trasciende y nos transforma a todos.

Donovan, mi abuelo inglés

Mi relación con mi abuelo ha marcado bastante mi facilidad para conectar y sentir afecto para con la gente mayor.

Mirando atrás, compruebo que mis mejores amigos, en general, han sido gente mayor. Entre ellos, uno muy especial fue Donovan, un inglés que, cuando lo conocí, tenía más de setenta y cinco años. Parecía un apóstol, medía cerca de un metro noventa, con el pelo y la barba blancos, y, al darte su enorme mano, podías sentir su fortaleza, la seguridad, la confianza, el coraje y la ternura que emanaba toda su persona. La vida nos puso en contacto: tuvo un cáncer y yo tuve la suerte de cuidarlo, era su médico y él era mi amigo sénior. Llegó a curarse y venía periódicamente a revisión.

Desde el principio establecimos una gran conexión. Me contó que había viajado mucho, que había sufrido bastantes dificultades y problemas en su juventud que había podido trascender. En Inglaterra, había trabajado por los derechos de los presos en las cárceles, en las que, por medio de programas de educación y actividades como el teatro, promovía su reinserción social. Por circunstancias personales, había venido a Mallorca, donde ejercía como profesor de inglés. Era un líder natural, y en aquellos años presidía la Asociación de Residentes Ingleses en Mallorca.

En las visitas disfrutábamos hablando; a veces aprovechábamos para tomar un café o incluso para almorzar juntos. Una tarde le confesé mi intención de dejar la oncología y trabajar en cuidados paliativos. Él, que conocía el movimiento Hospice, creado por Cicely Saunders, me apoyó y se comprometió a ayudarme para crear un *hospice* en Mallorca; me impresionó cuando, al darnos la mano para firmar el acuerdo, noté una fuerte energía cargada de gozo y confianza. Fue un momento mágico, sentí una transfusión de coraje para esta aventura.

Donovan creó una asociación que llamó Friends of Hospices, en castellano, Amigos de los Cuidados Paliativos. Pronto empezaron a recoger dinero a través de sus fiestas, sus torneos de golf, la venta de ropa de segunda mano, subastas de cuadros y conciertos. También me invitaba a las asambleas de la English Speaking Residents Association (ESRA) para darles alguna charla.

A sus casi ochenta años, Donovan se lanzó a editar una revista impresa por él mismo en su casa, que enviaba cada mes a los socios con las noticias, las expectativas y los avances del movimiento en pro de los cuidados paliativos en Mallorca. La foto de Cicely Saunders y una carta suya apoyándonos fue un espaldarazo para seguir trabajando.

Un año, en el Día Internacional de los Cuidados Paliativos (el segundo sábado del mes de octubre), Donovan y su equipo consiguieron reunir a varias corales para interpretar el *Aleluya* de *El Mesías,* de Haendel, en la catedral de Mallorca. Sentí que no estaba solo en mi locura, que este amigo, casi abuelo, me acompañaba con su generosidad, su solidez y su ternura.

7
¿Cómo se lidera un equipo?

Tras algunas vicisitudes administrativas, el día 2 de noviembre del año 2000 entré en el Hospital Virgen de la Salud, una antigua clínica privada a unos cuatro kilómetros del Hospital Universitario Son Dureta, desde donde se mandaba a los enfermos que, a mi pesar, entonces llamaban *terminales*. Era un sitio acogedor, con habitaciones espaciosas y luminosas, en un edificio de dos plantas rodeado de un amplio jardín, en un barrio tranquilo de las afueras de la ciudad. El equipo era selecto: los cuatro médicos, las diez enfermeras y otras tantas auxiliares habían elegido hacer este trabajo aparentemente tan duro y poco gratificante a los ojos de la mayoría.

Me di cuenta de que, a pesar de no temer a la muerte —y, por tanto, no tener miedo a nada—, aquel coraje o confianza no me bastaban para encabezar un equipo; necesitaba formarme en liderazgo, debía aprender a construir un equipo, y, como siempre, mi intuición me llevó a las lecturas y a las experiencias adecuadas para lograrlo. Porque, también a través de la experiencia —es decir, hacer, equivocarte y darte cuenta, pedir perdón, corregir— se adquiere el conocimiento.

Básicamente, un equipo es un *nosotros,* un alma común de personas que comparten un mismo propósito, unos mismos valores y una misma visión; cada uno, desde sus habilidades, sus dones y el respeto mutuo, aporta lo mejor para que se consigan los objetivos.

En nuestro caso, el objetivo era claro: el bienestar y la calidad de vida de los pacientes y los familiares que comparten este proceso, que es el de despedirse de la vida por parte del enfermo y el de despedirse de un ser querido por parte de los familiares. Aquí todos estábamos comprometidos para ayudar a que el proceso fuera lo más armónico y coherente posible.

Descubrí que liderar supone tener humildad, un perfil bajo y el apoyo a los miembros para que cada uno dé lo mejor de sí mismo en el desarrollo de la misión compartida. El líder debe estar en contacto con su intuición para ver antes, ver más lejos y ver más claro el camino que hay que transitar. Y esa visión clara es fruto de su propia conexión con su corazón y con su intuición. Es decir: para mí, el auténtico liderazgo es un liderazgo espiritual.

En este sentido, una idea sencilla y profunda sobre liderazgo es la de Jesús de Nazaret: «El que quiera ser el primero entre vosotros que se ponga a servir». Un líder es alguien a quien los demás siguen, y lo hacen porque les merece confianza, es honesto y auténtico, porque se lo ve seguro de que sabe o intuye adónde va y pone sus dones al servicio del prójimo. Lo siguen porque perciben que con él podrán crecer, aprender y desarrollar al máximo su potencial. Todos buscamos ser felices, y la felicidad surge de desplegar mis dones al servicio de los demás. Y, si encuentro la forma de hacerlo viajando con otros que buscan mi mismo objetivo, puede ser más divertido y gratificante.

Aquellos días juntos aprendimos mucho de cuidados paliativos, de poner al paciente y a la familia en el centro de la atención, de cuidar el proceso de morir sin importar demasiado la enfermedad que llevaba a la persona a emprender su viaje definitivo; solo bastaba con conocer algo cómo funciona el cuerpo, cómo controlar los síntomas molestos —dolor, ahogo, cansancio— y entender que hay cosas que son problemas y se pueden intentar resolver, pero hay otros aspectos que no tienen solución, no son un problema y entran en la categoría del misterio.

Aprendimos que los cuerpos duelen y quien sufre es la persona, que el dolor puede tratarse con fármacos y que el sufrimiento es existencial; ante la pregunta «¿por qué debo morir siendo tan joven?», no hay medicina ni tratamiento: no es un problema, es una cuestión que ha de ser escuchada y acompañada.

Aprendimos también que lo que nos causa el sufrimiento es simplemente la no aceptación del fluir de la realidad. Es decir, nuestras ideas de cómo debería funcionar la vida chocan con la realidad, que va imponiendo, a menudo en contra de nuestros deseos, la propia existencia. El rechazo de lo que no podemos cambiar nos lleva a invertir una gran cantidad de nuestra energía en confrontar o luchar contra el fluir de la vida.

Es humano y comprensible que tratemos de cambiar la realidad que no nos gusta, pero es mucho más sabio descubrir cuanto antes que la vida tiene caminos desconocidos y que luchar contra lo que acabará por imponerse es como intentar contener el tsunami con las manos, una locura que perpetúa innecesariamente el sufrimiento.

Descubrimos que la mejor medicina para el sufrimiento es procurar mantener la conexión con la persona que sufre, que no esté sola, que se sienta querida y acompañada, escuchada y entendida. Y, poco a poco, con mucha frecuencia, a través de esa conexión con alguien que respeta el proceso, la cuida, la alivia y la acompaña, la persona puede profundizar en sus propios recursos y encontrar la fortaleza para atravesar su sufrimiento, abrazarlo y ver cómo se disuelve al dejar de darle la energía del rechazo.

El itinerario supone un cambio de actitud, que pasa del rechazo, la negación y la confrontación con algo que no nos gusta a la aceptación. La entrega consciente supone la mejor forma de fluir en armonía con la corriente de la vida y dejar de sufrir.

Sentir angustia, incertidumbre e incluso miedo ante lo desconocido es humano, pero el rechazo de lo que no podemos cambiar es simplemente ineficiente y causa de un mayor malestar. La aceptación de lo que se va a imponer es la forma de trascender el sufrimiento. Este itinerario de lucha, aceptación y trascendencia lo hemos visto tantas veces en la práctica que lo hemos asumido como modelo de acompañamiento, como luego te voy a contar.

Vale más pedir perdón que pedir permiso

En aquel pequeño hospital se planteó un dilema: en la planta de cuidados paliativos había quince habitaciones dobles, casi siempre ocupadas por dos pacientes. Estos estaban realmente graves, y, aunque algunos mejoraban de manera temporal y eran enviados a casa, la mayor parte fallecía en nuestro centro. Cada semana teníamos varias defunciones, así que las enfermeras, cuando un paciente entraba en agonía, procuraban proteger del impacto al enfermo que compartía la habitación con el moribundo. Los cambios de habitación se hacían de forma discreta, aunque, cuando ocurría por la noche, toda la planta vivía el traslado. Necesitábamos habitaciones individuales para ganar en intimidad y evitar esa situación tan desagradable.

Hablé con el responsable del servicio de admisión del hospital del que dependíamos; se lo planteé y me dijo:

—Lo entiendo, pero no puedo quitar camas del servicio, lo único que puedo hacer es, en la plantilla del ordenador, dejar una cama X, es decir, bloqueada para que no ingrese otro paciente. Esto le servirá algo.

Me puse muy contento, aunque añadió:

—De todas maneras, cuando en invierno empiece la gripe y las urgencias se saturen, el gerente me obligará a retirar todas las camas X y volverá a tener habitaciones dobles.

Le di las gracias, habíamos ganado un poco de tiempo.

Tuve una idea algo atrevida; la consulté con las enfermeras, que me apoyaron por completo, y, al sentirme más seguro con su respaldo, decidí ponerme en contacto con Donovan, mi amigo inglés. La asociación Friends of Hospices colaboraba con nosotros decorando los pasillos y las habitaciones de la unidad con cuadros regalados por sus socios, aportando sillas de ruedas para pacientes y, semanalmente, poniendo claveles frescos en todas las habitaciones del centro, entre otras iniciativas.

Llamé a Donovan, comprobé que tenía presupuesto para hacer un buen regalo a nuestra unidad y nos fuimos juntos de compras a unos grandes almacenes para adquirir doce sofás cama, que trajeron al día siguiente. Retiramos una cama de cada habitación y, en su lugar, ubicamos un sofá: así, durante el día, el cuarto era más espacioso y acogedor, y por la noche el acompañante podía descansar mejor que en la butaca.

Informé al jefe de admisiones de cómo habíamos resuelto el problema. El pobre hombre, sorprendido, me dijo:

—Pero, doctor, ¿qué le dirá usted al gerente cuando este le llame para preguntarle qué ha hecho?

—Cuando me llame, le contestaré: «He pensado que, si su madre ingresara en la unidad y estuviera en agonía, a usted le gustaría que pudiera ser atendida en una habitación individual y acompañada en intimidad. A mí me gusta tratar a todos los pacientes como si fueran su madre o la mía, estoy seguro de que lo entenderá».

El gerente nunca me llamó. Ganamos las habitaciones individuales, y, cuando un año más tarde nos trasladamos a un hospital mayor, ya se sabía que cuidados paliativos se hacía, desde siempre, en habitaciones individuales.

Un modelo centrado en las personas

Atendíamos a personas en situaciones muy avanzadas sin apenas posibilidades de recuperación física y la mayoría pasaban con nosotros sus últimos días. El modelo de trabajo se centraba en las personas —el paciente y su familia— y en sus necesidades de tipo físico, emocional, social y espiritual. Es decir, dejamos de tratar enfermedades para tratar a las personas y cuidarlas para que pudieran hacer el viaje definitivo. Para ello se necesitaba una perspectiva en la que el proceso de morir no puede ser rechazado, negado ni ocultado, sino aceptado, entendido y acompañado. El objetivo no era modificar el curso de la enfermedad, sino concentrarnos en el bienestar y en facilitar el proceso de adaptación del paciente y su familia. Hablábamos del confort de cuidados de bienestar y de facilitar una información honesta sobre el pronóstico.

A menudo, cuando decías que trabajabas en cuidados paliativos, la gente, desde su miedo a la propia muerte, se encogía y decía: «Pero ¿cómo podéis trabajar en eso? Debe de ser muy doloroso, yo no podría». Mi respuesta era: «En equipo, ya que una sola persona no puede atender las múltiples necesidades, cambiantes en el tiempo. Solo un equipo que incluya médicos, profesionales de la enfermería, la psicología y el trabajo social y voluntarios, trabajando de forma coordinada, puede cuidar bien el proceso».

Debemos aprender a ver que el paciente, en su deterioro, su dependencia y su fragilidad, sigue siendo una persona cuya dignidad lo hace inmensamente valioso. La imagen es como si la persona fuera un diamante tallado por la vida con sus múltiples facetas.

Mi equipo se reunía a diario para compartir la perspectiva de cada profesional sobre cada paciente que atendíamos, revisar sus necesidades y problemas y consensuar los objetivos de tipo orgánico o físico, de tipo psicológico o emocional, de tipo social y de tipo espiritual. La tarea requiere tiempo, pero la persona la agradece porque, de alguna forma, esa información cruzada —a veces, delicada o íntima— sobre las relaciones entre miembros de la familia, o cualquier otro aspecto importante, y esos lazos sutiles que se van tejiendo entre los profesionales enfocados a cuidar mejor, son como una red donde el paciente siente que hay coherencia y armonía entre todos los que lo cuidan. Esa sutil red sostiene a la persona enferma y a su familia.

La atmósfera allí era muy especial. Una vez, un familiar, al ver las habitaciones individuales, con cuadros alegres en las paredes, hilo musical y un sofá cama para el acompañante, me vino a preguntar:

—Doctor, ¿esto entra en la Seguridad Social o hay que pagar algo? Porque nosotros no tenemos muchos recursos.

Aunque pueda sonar extraño, en la unidad sabíamos que el gozo de cuidar, o la satisfacción de acompañar, es más profundo y gratificante que el éxito de curar. Cuando cambiamos nuestros objetivos y dejamos de querer salvar a la gente para procurar que tuvieran una muerte en paz, sin dolor, sin miedo y sintiéndose acompañados, empezamos a disfrutar de nuestro trabajo.

También los enfermos nos estaban dando, en compensación por nuestra entrega, una gratitud y unas experiencias profundas que afloraban de su humanidad y nos regalaban una sabiduría de vida que no había conocido en mi época de oncólogo.

Tuvimos un paciente algo especial, un médico cardiólogo bastante conocido en la ciudad, de unos setenta y cuatro años, con una neoplasia diseminada al que conseguimos aliviar sus síntomas. El doctor Vendrell era un hombre que en su juventud se había formado en Alemania; era bastante consciente de su pronóstico y se conmovió ante los cuidados, la delicadeza, el afecto y la ternura de los profesionales que lo atendían. Un día me entregó una carta dirigida al equipo, manuscrita, con su letra temblorosa. Aún la conservo, y de ella destaco algunos párrafos:

3 de abril de 2001. A mis queridos protectores:

Como mallorquín educado en Stuttgart y como médico, he viajado y conocido muchos hospitales, y la verdad es que no sabía de la existencia de un sitio como este.
Quiero dar las gracias por la excelente acogida, cuidado y atención que me dispensa este maravilloso equipo. Desde que llegué aquí me he sentido en casa, y lo más sorprendente ha sido que nunca había imaginado que la autopista hacia la muerte fuera tan confortable, con un paisaje tan hermoso y rodeado de ángeles.
Les felicito y les agradezco su impagable atención.

Era un hombre consciente de la proximidad de lo que estaba por venir, satisfecho con la vida que había tenido y muy abierto a hablar de su proceso. Una mañana, durante la visita, me acompañaba una joven médica residente de familia de los que rotaban por nuestra unidad en sus prácticas. Delante de ella, el doctor Vendrell y yo estuvimos hablando abiertamente de su proceso, de cómo se estaba preparando para dejar las cosas arregladas, de sus hijos, en una conversación íntima, sincera, sin miedo y apacible.

Al salir de la habitación, la joven médica estaba conmovida, lloraba en silencio; le pregunté cómo se encontraba y me contestó: «Feliz, no sabía que esto se podía hacer y me gustaría algún día ser capaz de hacer una entrevista como esta».

Aquella joven, hoy amiga, lleva años disfrutando de trabajar en cuidados paliativos.

Aprendiendo a morir: una experiencia catártica

Pese a mi formación en el máster, me daba cuenta de que necesitaba aprender más sobre el proceso de morir, el sufrimiento y la espiritualidad. Entonces, por mi cuenta —me sentía muy seguro de lo que quería hacer, a pesar de que mi entorno no entendía nada—, empecé a explorar el *mundo del morir.*

Interesado por el tema de la muerte, y tras mis experiencias en la *metanoia* —el cambio radical en mi trayectoria vital y profesional—, sabía que morir no es el final de nada, pero poco más, y necesitaba ampliar mi experiencia; desde la curiosidad por averiguar cómo se desarrolla este proceso, comencé a contactar con personas que han pasado por la experiencia de casi muerte. Personas que han sufrido un paro cardíaco, se han ido y han vuelto, lo que se conoce como *experiencias cercanas a la muerte,* o ECM.

Y, como siempre, la oportunidad se presentó sola. Un día fui a dar una charla a un club de rotarios de Palma sobre el tema de la muerte; tras mi intervención, uno de los asistentes pidió la palabra para compartir una vivencia personal que, según él, solo conocía su esposa: «Cuando me operaron para quitarme un pólipo, durante la anestesia sufrí una reacción a algún fármaco, tuve una parada cardíaca y me fui no sé cuánto tiempo. Salí del cuerpo, vi un sitio de mucha luz y paz y, cuando volví, me enfadé con el médico porque me había reanimado». Dijo haber visto que la muerte no es nada, que al otro lado se está mejor que aquí, con una convicción que nos sorprendió a todos.

Supe que a un vecino mío le había pasado algo parecido: lo invité a cenar y me contó su experiencia. Y, en aquel momento, pensé: «Esto es lo que necesito, tener una parada, irme y volver para saberlo todo sobre la muerte». Empecé a desear que me ocurriera algo así. Me sentía atraído, ya que quienes lo contaban no tenían ningún miedo a la muerte, y, cuando los miraba a los ojos, los veía convencidos de que allí se está mejor que aquí. Deseaba experimentarlo para poder transmitir a los enfermos el mismo coraje y la misma confianza que observaba en esas personas.

Sin embargo, sentí que mi intuición me decía: «Eso no va a pasar, menudo susto se iban a llevar tu esposa y tus hijos». Ellos no tenían ninguna culpa de que yo fuera un atrevido, y sufrirían un gran susto si yo sufriese un paro cardíaco. Entendí que esto no era conveniente.

Continué con mi curiosidad sobre el morir, y, un día, en la televisión catalana apareció un profesor de antropología experto en estados modificados de conciencia que había trabajado con algunos chamanes en América del Sur; se llamaba Josep Maria Fericgla y explicó que impartía talleres residenciales para *vivenciar* el proceso de morir. Los participantes experimentaban de una forma clara su muerte, y la técnica para conseguir dichos estados era básicamente la respiración *holotrópica,* sin drogas. Era lo que estaba buscando.

Antes de apuntarme al taller, me documenté, ya que mi mente científica y racional me decía que podía ser peligroso. La técnica se basaba en prácticas chamánicas que había reformulado un psiquiatra, Stanislav Grof, que buscaba la autocuración del sujeto ayudándole a adquirir conciencia de las posibles fragmentaciones de sí mismo y poder así integrar sus vivencias a través de técnicas de respiración, relajación y música.

Tuve mis dudas, y, finalmente, el coraje ganó al miedo y me apunté.

Fue una experiencia transformadora y catártica, durante tres días en una masía catalana en el Montseny (el monte de la sabiduría). Durante los primeros días hicimos diferentes ejercicios para tomar conciencia de que hay algo que nos sostiene y que lo mejor que podemos hacer es confiar y entregarnos a ello. Uno de esos ejercicios consistía en ponerse sobre una mesa con los ojos vendados y dejarse caer de espaldas sobre un colchón; lo natural es que, antes de hacerlo, te vengan todos los miedos, aunque sepas que hay un colchón. El miedo hace que te contraigas al caer, lo que suele producir dolor.

Esta experiencia preparatoria consiste en descubrir, precisamente, que el dolor es producto de tu miedo y tu contracción, y repites la práctica hasta comprobar de forma empírica que el dolor te lo produces tú mismo cuando te contraes. Si te sueltas y te relajas, te caes, pero no te haces daño. Se trata de una experiencia física que sirve para constatar que, en la vida, la resistencia a lo que ocurre es lo que crea el sufrimiento.

Otro ejercicio consistía en correr con los ojos cerrados, a toda pastilla, hacia un grupo de gente que te está esperando para contenerte y que no te hagas daño. Es un ejercicio para dejar de querer controlarlo todo y te des cuenta de que, en realidad, no controlamos nada. Ayuda a estimular la confianza. En otra práctica, formábamos un círculo cerrado de participantes y uno se colocaba en el centro: este, con los ojos vendados, debía dejarse caer y sentir que los demás lo sostenían. Es decir, experimentabas que puedes abandonarte, porque algo te sostiene y no puedes hacerte daño; el dolor te lo produces tú mismo cuando, desde el miedo o la desconfianza, pretendes mantener el control, aunque veas o no sepas adónde vas.

Tras la preparación, nos pusieron por parejas: uno iba a experimentar su muerte tumbado en un colchón con los ojos vendados, mientras el acompañante permanecía a su lado para ayudarlo. Al día siguiente el acompañante y el acompañado invertirían los papeles.

Formé pareja con una mujer algo más joven que yo, grande y fuerte (por si debía contenerme). Como no las tenía todas conmigo, decidí empezar de acompañante para observar, y ya me moriría yo después si convenía.

En un ambiente solemne, en un gran espacio con unos veinte supuestos moribundos echados cada uno en su colchón y otros tantos acompañantes, con la luz de unos cirios, incienso y una música propia de funeral, Fericgla, con su voz y su actitud de chamán, empezó dirigiendo una profunda y larga relajación; cuando ya estábamos totalmente entregados, cambió la música por el sonido de un tren de vapor que arrancaba despacio, *xuup, xuup...*, e iba cada vez más rápido. Nos indicó: «Tenéis que enganchar la respiración al ritmo del tren». Y, cuando el tren aceleraba el ritmo, empezabas a hiperventilar... más, más, más... Notabas que te mareabas, pero debías seguir. Después, entendí el proceso fisiológico que se produce en el cerebro cuando hay una *hipercapnia:* el cerebro, para protegerse de la hiperventilación y eliminación del (CO_2), contrae las pequeñas arterias del córtex y se produce una pérdida de control del ego, además de poder experimentar parestesias, contracturas musculares y *tetanización,* aunque los efectos más diversos son a nivel del sistema nervioso y en especial de la conciencia.

En la práctica del taller, cuando empezaba el mareo y seguías hiperventilando, sonaba una música muy tribal, muy básica, con tambores y un ritmo rápido, y, como ya no controlabas, la música y la hiperventilación te llevaban al nivel medio de tu cerebro, donde se encuentra la memoria emocional, y aparecían contenidos estimulados por la música: emergían ante tu conciencia testigo, tu observador te iba mostrando los temas importantes o no resueltos de tu historia, lo que permanece dormido en el subconsciente y ahora surge de forma clara delante de ti.

Durante mi experiencia, sabía que estaba allí, que no estaba muerto, pero no me podía ni mover; no estaba conectado a mi cuerpo, sino al contenido de mi mente, y, por allí, pasaron un montón de historias que no tenía resueltas, temas pendientes, conflictos personales... Y, aprovechando la presencia de mi acompañante, le iba pidiendo lo que sentía que necesitaba para afrontar los conflictos pendientes.

Después de perdonar y sentirme perdonado por algunos errores previos, la música me transportó al escenario de la iglesia de mi pueblo, adonde había acudido a misa durante toda mi infancia. La iglesia estaba llena de gente, y se celebraba una ceremonia; me di cuenta de que se trataba de un funeral, y yo, como presencia consciente invisible, sin cuerpo, me acerqué a ver quién estaba en los bancos de las primeras filas y vi que eran mi mujer y mis dos hijos. Era mi funeral, y empecé a sentirme muy triste, a pensar «no puede ser», porque estaba viviendo todo aquello como una realidad: «Mis hijos son demasiado jóvenes, no les he dicho esto, no les he dicho aquello, no me puedo ir todavía...». Y fue entonces cuando algo en mí recordó los ejercicios de aquellos días: «Suelta, permite, afloja, ya no lo puedes cambiar». La iglesia tenía un techo muy alto, y al aceptar, sentí que salía disparado hacia arriba, atravesé el techo y me encontré en un espacio que intuí que debía ser la recepción del paraíso. Un espacio donde estaba la gente a la que yo he querido mucho, mis amigos que ya habían fallecido. Vi que, al recibirme, se reían de mí. Percibí que el juicio personal es verte a ti mismo a través de los ojos de los que te quieren y que el purgatorio debe de ser hacer el ridículo ante la gente que te quiere por lo que no has vivido, por no haber sabido aprovechar todo lo que te han dado, por haber sido cobarde y no haberte atrevido a vivir lo que te tocaba. Es la sombra, el miedo, las cosas que no te has atrevido a hacer. Una sensación de frustración y ridículo ante todo el Universo por lo no vivido. Tú sientes cómo en ese momento el

Universo entero te dice: «Mira que has sido imbécil, tenías estos dones y no los aprovechaste; podrías haber hecho esto y esto y no te atreviste».

La sensación de ridículo por no haberte atrevido a vivir plenamente dura solo un rato; luego sientes que no pasa nada, que no has sabido más, que hiciste lo que supiste, pero viviste menos de lo que te correspondía, ya está. Te sientes perdonado. En ese momento, cuando se acabó el juicio, empezó a sonar en la sala el *Ave María,* de Gounod, una música para mí celestial, y de repente me sentí como sostenido en brazos de la mayor ternura que se puede imaginar, como en el regazo de una madre amorosa que te sujeta con un amor inmenso, y viví una experiencia de ser aceptado, de plenitud, de alegría, de gozo, de confianza… indescriptible.

No puedo poner palabras que expresen la experiencia, esa sensación de enamoramiento, de plenitud y de pensar: «Ahora ya estamos en el cielo». Poco a poco, la música fue bajando y nos quedamos en silencio. A los que hacíamos el ejercicio nos habían puesto un antifaz. Comencé por conectar con el cuerpo y me di cuenta de que tenía la boca muy seca. Habían pasado cuatro horas y yo era el último de los moribundos que se reincorporaba a la vida; todos los demás ya habían terminado. Cuando intenté levantarme, no pude, me tuvieron que ayudar. Fericgla y sus ayudantes me abrazaron. Noté que algo había cambiado dentro de mí, había mucha paz; me quedé sentado sobre el colchón durante dos horas más, tomando notas sobre la experiencia, porque había descubierto que, con toda la gente que tienes castigada en tu corazón, creas una prisión que no existe más que en ti: en esta cárcel solo estás tú guardando la puerta, y eso es una estupidez, pues al otro no le pasa nada y a ti te quita energía y vitalidad y te impide ser plenamente tú mismo. En cambio, a medida que vas haciendo las paces con tu historia, pidiendo perdón a la gente de forma auténtica e interior —tampoco hay que ir a explicarlo—, experimentas un espacio mental y una recuperación que, como médico, intuyo que son debidos a que las neuronas que están bloqueando un conflicto quedan atrapadas en este y no están disponibles para ti, y, al aceptar soltar y perdonar, recuperas la energía bloqueada. Cuando liberas el conflicto, toda esa parte de tu mente o de tu conciencia se libera, te vuelves más libre, disfrutas de una sensación de frescura, jovialidad y alegría por haberte quitado un peso de encima y experimentas una confianza brutal en la sabiduría de la vida.

Contado así parece sencillo, pero debo decir que antes de empezar tuve miedo a lo desconocido y a perder el control. Recuerdo que, a la hora de comenzar, sentí cierto desasosiego y fui a la cocina a beber un vaso de agua; había un calendario con la imagen del Corazón de Jesús, y, dirigiéndome a Él, dije: «Me fío de ti, voy a hacerlo, pero estoy acojonado y necesito poder volver a Mallorca, en tus manos me encomiendo».

Después, descubrí que el coraje tiene premio. Cuando sales de la práctica, ya has perdido el miedo, y la experiencia me dio mucha información y confianza para poder estar cerca de alguien que se muere. Yo no recuerdo haber estado en el otro lado, pero sé que esto está bien organizado y no tengo miedo. Adquirí un plus que no había aprendido en el máster de paliativos.

8
Aprendiendo de la vida cuando parece que se acaba

Después de dos años disfrutando en el Hospital Virgen de la Salud, la vida volvió a dar un vuelco: nos trasladaron a un nuevo hospital. El centro y el entorno eran maravillosos, a doce kilómetros de Palma, en una colina, con grandes habitaciones y espaciosas terrazas desde las que se veían los campos de almendros, la ciudad y toda la bahía, rodeados de amplios jardines. Conservaba el silencio y la paz del sanatorio antituberculoso con que se inauguró el edificio en 1945.

Buena parte del equipo era nuevo y tuvimos que formarlos. Una vez más, los ingleses, liderados por mi amigo Donovan, llenaron la planta de cuadros y flores, y se puso en marcha una asociación de voluntarios para acompañar a los pacientes ingresados. Pasaron cosas maravillosas.

Mi experiencia de liderazgo me ayudó a formar mi equipo: ya sabía que, cuando la gente ve que eres íntegro, que no engañas y que tienes una actitud de servir y una cierta inspiración para hacer lo que haces, irradias una vibración y un carisma que provoca que te sigan.

Pronto creamos un clima de acogida, hospitalidad y de cuidado para poder atender en aquel espacio más adaptado a las necesidades de los pacientes y familiares. Allí pasé algunos de los mejores años de mi vida laboral, el gozo y la satisfacción profesional y personal se combinaban con los problemas y los conflictos. En cierta manera ya estaba curtido, tenía más de cincuenta y tres años y las dificultades no me apuraban. Pero ya he hablado demasiado del personaje: quizá convenga, una vez aclarado un poco el viaje de este niño enfadado con la muerte, mostrar ahora, a través de las historias de vida y aprendizaje, lo que ocurre cuando alguien se pone a servir y se acerca con curiosidad al borde del misterio que es el morir.

Compartiendo un viaje incierto

Lo que pasa y lo que se vive no se puede imaginar desde fuera. De alguna manera, este libro pretende ser una ventana transparente para que los que no tenéis la suerte de conocerlo podáis verlo con los ojos de los que vivimos la riqueza de aprender de la vida cuando esta parece que se disuelve y en realidad solo se transforma.

Una maravilla que para poder ser percibida necesita un poco de coraje, apertura de corazón y dejarse tocar por cada historia que a nosotros nos ha ido transformando y ayudando a perder el miedo, a conocer más de cerca cómo estamos hechos los humanos por dentro, y cómo la verdad nos hace libres y la muerte no existe, que el proceso de morir está bellamente organizado y solo el miedo y la ignorancia son obstáculos que lo dificultan.

Las historias son auténticas, y las vivencias y diálogos son reales, desde la autenticidad transpiran enseñanzas.

Pablo: morir antes de lo esperado

A sus veinticuatro años, Pablo debió interrumpir su último curso de Biología en la universidad tras el diagnóstico de meduloblastoma. El tumor recidivado progresaba después de haber agotado todos los tratamientos. A través de un amigo común, sus padres me llamaron a consulta en la clínica privada donde estaba ingresado.

Al entrar en la habitación, me llamó la atención el ambiente de derrota del entorno: en pleno día, las ventanas estaban cerradas y solo había luz indirecta. Encontré a un joven sin pelo, con la cara hinchada por las altas dosis de cortisona, encamado y enganchado a un suero. Allí estaban —como más tarde supe— la novia, algunos amigos y una madre con niveles de ansiedad que inundaban la atmósfera.

Tras explorar a Pablo y hablar con él y con su madre, comprobé que padecía cefaleas incontroladas, somnolencia, astenia, impotencia funcional por inestabilidad de origen cerebeloso y una tristeza oceánica. La familia estaba muy asustada, ya que el médico, que pasaba por allí cada dos o tres días, se lamentaba de que no podía hacer nada más y que ¡ya llevaba mucha morfina! Ellos no veían salida a la situación.

Tras comprobar con los oncólogos la ausencia de posibilidades de tratamiento del que llaman *activo,* acordamos con la familia el traslado de Pablo a nuestra unidad, donde sabíamos que quedaban muchas cosas por hacer, las más importantes. A su ingreso hicimos una valoración integral y una lista de problemas físicos (control del dolor y el cuadro de hipertensión endocraneal, inmovilidad, etc.), emocionales (explorar la información pronóstica e ir facilitando la adaptación a la situación, intervención con la familia para promover la aceptación del proceso), sociales (acabar con el aislamiento, trabajar el entorno de negación, ayudar a los padres y los familiares a aceptar lo que nos venía, etc.) y espirituales (explorar y acompañar las necesidades y los recursos de Pablo y de la familia y compartir nuestra experiencia de que esta etapa puede ser una de las más intensas y ricas de la vida de todos ellos).

En menos de cuarenta y ocho horas desde el traslado al entorno acogedor, luminoso y animado de nuestra unidad, conseguimos un buen control del dolor, movilizaciones en silla de ruedas con salidas primero a la terraza de la habitación y, después, al jardín, un cambio de ánimo tanto de él como de la familia, que empezó a sentir que se hacían cosas y que el paciente estaba mejor. A los pocos días, un Pablo más abierto, confiado y esperanzado, que nunca había tenido información pronóstica clara, nos abordó con la pregunta del millón:

—¿Cuándo me van a poner el tratamiento?

Nos pusimos a la altura de sus ojos y, conmovidos por su confianza y su vulnerabilidad, le dijimos que ya lo estábamos tratando, pero insistió y nos preguntó por la nueva quimioterapia. Le contestamos que no le podíamos administrar más, ya que iba a ser más tóxica que eficaz. Entonces, más preocupado, dijo:

—Cirugía ya me han dicho que no me pueden hacer... ¿Y la radioterapia?

—Ya se han puesto las dosis máximas tolerables por tu cerebro, ahora te haría daño, no vamos a tratar más el tumor, este ya no puede ser nuestro objetivo. Ahora vamos a tratarte a ti y a cuidar de ti.

Hubo un silencio en el que nos mantuvimos conectados con él, y, al poco tiempo, mientras tomaba conciencia de lo que ocurría, preguntó bastante asustado:

—Entonces, ¿me voy a morir?

Sus ojos pedían ayuda, y, desde el vínculo de acogida y con la máxima serenidad y ternura posible, le planteamos:

—Pablo, ¿no lo habías pensado nunca?

Se abrió un espacio largo en el que fue confirmando sus intuiciones y, conmovido, rompió a llorar. Estuvimos largo rato junto a él y, después, les explicamos la conversación a sus padres.

Pablo pasó los dos días siguientes llamando a los amigos para despedirse de todos. Hasta que, en un momento dado, tomamos de nuevo la iniciativa para plantearle lo siguiente:

—Es cierto que no te podemos curar, y en algún tiempo esto irá peor, pero, de momento, debes decidir si te quedas esperando la muerte desde la tristeza y el miedo o si prefieres vivir el tiempo que te pertenece con los tuyos de la manera que tú mismo elijas.

En aquel momento empezó un cambio. La habitación y, sobre todo, la terraza de su habitación —donde sus amigos de la facultad habían instalado una barbacoa— se convirtieron en una de las zonas más activas y festivas del centro. Los fines de semana, Pablo salía con sus padres y su familia, que compartían la idea de vivir intensamente lo que les quedaba, e iban a la casa de campo de los tíos. Y, algunas tardes, su novia traía de las cuadras próximas al hospital el caballo que su padre le había regalado a los veinte años y que, como buen menorquín, había adiestrado él mismo. Pablo ya no podía montar, pero lo acariciaba y disfrutaba de ver a su novia hacerlo.

Pasaron casi tres meses desde aquella conversación tan difícil. En ese tiempo, Pablo se había convertido en parte de nuestra historia: las auxiliares y las enfermeras que lo cuidaban y los médicos nos habíamos implicado, probablemente, más allá de lo profesional. Y al mismo tiempo que nos implicábamos, nos íbamos haciendo conscientes de que la partida de Pablo nos iba a doler mucho.

Pablo empezó a perder visión y equilibrio, se pasaba el día encamado; al principio escuchaba música y recibía visitas; poco a poco, se fue encerrando en sí mismo y me volvió a preguntar:

—Esto ya está cerca. ¿Cómo será? ¿Cómo sabré si lo hago bien? ¿Tú me guiarás?

—Sí, Pablo, vemos que estás cada día más cansado y, sí, hemos visto muchas veces cómo va esto; aunque el camino lo vas a hacer tú solo, nosotros conocemos el mapa, sabemos lo que ocurre, te guiaremos, y comprenderás que todo está bien organizado. Cuando llegue el momento, nosotros estaremos contigo para que puedas encontrar la forma de soltar, aflojar, dejarte y comprobar que algo muy sólido y tierno a la vez te sostiene.

Evidentemente, tuvimos que trabajar con la novia, los amigos y los padres; a todos les pedimos que dejaran partir a Pablo, que le dieran permiso para irse, ya que se estaba acercando la hora y el proceso sería con el menor sufrimiento posible.

Los que comenzábamos a estar inquietos éramos los profesionales: pocas veces habíamos entrado en tanta intimidad con un paciente y su familia, sobre todo, durante tanto tiempo.

Ocho días antes de que falleciera, barruntando lo que se nos venía encima, decidimos hacer una sesión de equipo de las que llamamos *grupo de apoyo*. Es una dinámica sencilla tomada de los grupos de duelo o de terapia de apoyo grupal. Hay unas normas de confidencialidad y de respeto al tiempo de los participantes —las recuerda el moderador si hace falta—; en su turno, cada uno expresa lo que está pasando y cómo se siente y los demás practican la escucha activa sin intervenir: desde el silencio, acogen como caja de resonancia lo que el que expresa pone en el centro. El que se expresa tiene permiso para lo que considere: llorar, lamentar, callar, blasfemar... Todo está permitido.

Convocamos la reunión explícitamente para hablar del caso de Pablo a una hora en la que se encontrasen los turnos de mañana y tarde y a la que pudieran venir las personas del turno de noche que quisieran. Fue una sesión muy intensa. Acudimos muchos. Algunos lloramos, expresamos la aparente injusticia de la muerte de un muchacho y en una familia de personas tan jóvenes y buenas; compartimos nuestra impotencia por no poder hacer más y nuestra satisfacción por haber podido conocerlas y acompañarlas.

Fue terapéutico para nosotros, en sentido metafórico, encender una hoguera en el centro de la reunión donde ardieron nuestra frustración, nuestra tristeza y nuestro apego a un paciente que nos había seducido con su sencillez y su bondad.

Pablo, poco a poco, se fue confiando, relajando y abandonando. Acompañarlo era fácil y gratificante, no había síntomas molestos —a excepción de la debilidad y la somnolencia progresivas—, no hubo resistencia ni miedo. Se habían estado preparando durante meses: cada cena, cada noche de guitarras podía ser la última, y Pablo, sus padres y sus amigos, se habían ido forjando la idea de una despedida triste pero plena, al haber vivido de modo consciente lo que se acercaba, y con risas, música y cenas en la terraza.

Ahora había llegado la hora de soltar y entrar en paz en lo que venía. Los últimos días nos comentó a su madre y a alguno de los más cercanos que sabía que iba a reunirse con su abuelo, la persona a la que tanto había querido; sabía que lo estaba esperando, y aquello le daba serenidad y confianza.

Han pasado años de esta historia. La madre de Pablo, una vez cerrado el duelo, se dedicó durante un tiempo a trabajar en la asociación de voluntarios de cuidados paliativos. Sentimos que acompañar a cerrar esta biografía nos transformó a muchos.

Como en todas las historias de acompañamiento, siempre hay tres actores. Un protagonista —el que se va—, unos coprotagonistas —los familiares, que intentan aceptar, apoyar y dejar partir— y, en tercer lugar, unos profesionales que, además de cuidar y acompañar, deben saber cuidarse, tratar de no sobreimplicarse y, si lo hacen, saber elaborar —si es posible, juntos— el reconocimiento de la realidad, aceptar que somos vulnerables y frágiles y recordar que el trabajo bien hecho no es resolver ni curar, sino acompañar desde la presencia y la compasión.

Las lecciones que aprendemos acompañando nos pueden abrir a una nueva perspectiva de nosotros mismos y de la vida y hacernos cambiar las prioridades, madurar como personas y, en la medida en que podamos ir aceptando nuestra propia vulnerabilidad e incluso nuestra propia muerte, abrirnos con mayor intensidad al gozo de la vida.

René: «¿Cómo va esto de morir?»

René era un paciente de cincuenta y cuatro años, de nacionalidad suiza, que ingresó a mediados de octubre en nuestra unidad procedente del Hospital Universitario. Dos años antes se le había diagnosticado un cáncer de tercio inferior de esófago y, por su edad y carácter, decidió luchar con toda su energía: se le aplicó un tratamiento radioterápico, seguido de cirugía con intención radical en la que se extirpó el esófago y parte del estómago y, después, quimioterapia.

Nos contaron el paciente y su pareja, Antonia, que René se recuperó y volvió a trabajar como informático, que conoció a Antonia, se enamoraron y se mudó con ella. Al poco tiempo de su relación, tuvo una recaída, y René le pidió a Antonia que lo dejara, que ahora venía un período difícil y no quería que ella experimentara esa parte, ya que sentía que había llegado tarde a su vida. Ella dijo que lo acompañaría hasta donde hiciera falta y se negó a abandonarlo.

Al ingreso observamos que se trataba de un paciente que, desde el punto de vista orgánico, presentaba una recidiva mediastínica de la neoplasia de esófago que le impedía la deglución. En el Hospital Universitario le habían planteado la posibilidad de alimentación por vía parenteral, que él rechazó.

René había vivido intensamente, tenía un buen desarrollo intelectual, y, tras una aparente actitud de frialdad emocional suiza, escondía una ternura y una gran capacidad para la amistad que había sabido cultivar. Era plenamente consciente del pronóstico, y decidió que no quería que le hicieran maniobras que alargaran la vida; por eso pidió, en lugar de alimentación parenteral, que lo trasladaran a un sitio «con buenas vistas y morfina». Sin saber esto, el servicio de admisión le adjudicó una habitación con una amplia terraza y unas excelentes vistas sobre la bahía de Palma, en una unidad en la que reinaba un ambiente de paz y serenidad.

René se mostró siempre muy educado con el personal y hablaba de su enfermedad y su muerte de una manera tan serena y objetiva que llamaba la atención. Su actitud era la de alguien que toma sus propias decisiones, solicita información pronóstica honesta sobre el tiempo que le queda y negocia aspectos de las dosis de medicación, especialmente, de analgésicos y ansiolíticos, para regular el grado de conciencia que le permita acabar algunos trabajos pendientes.

Tenía su ordenador sobre la cama y pasaba horas trabajando en el portátil, siempre con música ambiental en la habitación y flores frescas, y cada tarde había un buen grupo de amigos que venían a verlo. En nuestras visitas se mostraba muy agradecido y asertivo sobre la duración de las mismas, era él quien nos indicaba cuándo tenía suficiente información, y, con un gesto sencillo, cerrando los ojos y recostando la cabeza sobre la almohada, nos decía: «Gracias, ya pueden dejarme, que tienen ustedes mucho trabajo».

René se mantenía hidratado con sueros a los que añadíamos glucosa para que le aportasen un poco más de energía y, así, pudiera acabar algunos trabajos pendientes de entregar a algún cliente. Nos contó que un informático conocido suyo se fue dejando a un montón de clientes «colgados», y eso era un mal ejemplo que él no quería seguir.

Otra actividad que lo mantenía ocupado era la organización de una fiesta —incluido un texto para que se leyese en ella—: era la fiesta de su despedida, pensada para que sus amigos la celebrasen una vez que él hubiese fallecido. Había decidido que no habría funerales ni actos religiosos y diseñaba con precisión suiza los detalles de lo que llamaba *un pícnic en el campo,* donde se enterrarían sus cenizas —ya había elegido el sitio— y se leería el texto que estaba preparando. Había elegido la música que se pondría y contratado a una cantante de *soul* para el 23 de noviembre (nos encontrábamos a finales de octubre), tras preguntarnos si era una buena fecha para tener la garantía de que ya no estaría.

Un día le pregunté si creía que había algo más después de la muerte, y, con la precisión y la frialdad de un reloj suizo, me contestó que no podía saberlo, pero que, si no había nada, no había problema y, si había algo, pues ya lo vería. Cada día estaba más débil, se mantenía sin dolor con dosis regulares de morfina por vía subcutánea y algún sedante nocturno para dormir, a dosis que él decidía para mantener el equilibrio entre lo que quería dormir y lo despejado que deseaba estar por la mañana. Seguía perdiendo peso, tenía poca energía y a veces le costaba hablar.

Una mañana inició el siguiente diálogo:

—Usted, doctor, me parece que es un hombre que hace su trabajo con pasión, ¿verdad?

—Ciertamente.

—Debe de saber bastante sobre la muerte.

—Bueno, los enfermos a los que hemos acompañado, que son bastantes, nos han enseñado mucho.

Entonces, saliendo un poco de su actitud habitual y con mucho interés, preguntó:

—Cuénteme un poco: ¿cómo es esto de morir?

Sentado en su cama, pensé que tenía derecho a saber y que necesitaba entender. Le dije:

—El morir es un proceso muy bien organizado, es como un parto; se trata de abrirse a una dimensión desconocida desde aquí, y por ello nos cuesta. Generalmente, las personas nos resistimos a dejar esta vida que conocemos para hacer un cambio hacia algo desconocido y que nos genera incertidumbre. Esa actitud de resistirnos y tratar de evitar lo que se va imponiendo no es muy sabia, ya que hace más difícil y complica un proceso que, una vez aceptado, es suave y dulce. Cuando se llega con miedo e incertidumbre sobre lo que va a ocurrir, suele haber ansiedad. Otras dificultades para soltarse y aceptar pueden ser tener asuntos pendientes o inacabados y, también, un excesivo apego a lo conocido que ahora parece que hay que dejar.

»Lo que hemos aprendido es que las personas que se resisten y se niegan a aceptar la realidad de forma involuntaria añaden sufrimiento a un proceso que, de otra manera —al ser aceptado y cuando uno se entrega a él—, fluye con más armonía. Hemos visto que los que mueren con menos sufrimiento y más paz son aquellos que o bien han tenido experiencias en la vida que les han dado confianza sobre lo bien organizado que está todo, es decir, tienen una confianza básica en el orden de la vida y el universo, o bien han llegado a la conclusión de que resistirse produce más dolor. Estas personas se sueltan, se relajan y se entregan en manos del proceso, que los conduce a un nuevo espacio de conciencia donde todo es calma, hay serenidad y paz.

»Veo que tú eres una persona muy serena, muy madura, y, si sigues haciendo lo que estás haciendo, si permites que todo fluya, te sueltas, no te resistes, te abres y te dejas en manos del proceso, este mismo te llevará a un cambio: ahora que tu cuerpo no te puede aguantar, te irás durmiendo y, de manera serena, entrarás en otro espacio de conciencia y verás lo que hay.

Mientras le hablaba, sostenía su mano derecha entre las mías; él permanecía con los ojos cerrados, hasta que, en un momento dado, al acabar mi relato, René me apretó la mano con calidez y, retomando el mando de la conversación, me dijo:

—Gracias doctor, está bien, puede dejarme, hay otros enfermos que estarán esperándole.

Era suficiente para ese día.

A primeros de noviembre me anunció:

—Ya he terminado todo lo que tenía pendiente por hacer; apúnteme a la lista de los que van a partir el día *11 del 11 a las 11,* que es cuando comienza el carnaval en Colonia.

Al día siguiente estaba ya muy débil, cansado y algo triste, y me preguntó cómo podíamos acelerar el proceso. En el equipo lo estuvimos comentando, y, ante el sufrimiento que percibíamos, habíamos hablado de la posibilidad de retirarle los sueros y de promover una muerte por ayuno.

Al decirme él «¿qué podemos hacer?», le planteé:

—¿Tú qué sugieres?

—¿Por qué no retiramos los sueros?

—Es una buena opción, ya que, al irte deshidratando, entrarás en un sueño plácido.

—Bien, entonces, dejadme hoy todavía y mañana por la mañana los quitamos.

Al día siguiente era sábado y él seguía sin dolor y tranquilo; nos confirmó que quería que le retirásemos los sueros y se fue durmiendo; al llegar el lunes, estaba en agonía. No tuvo ningún momento de inquietud ni malestar, continuaba plácidamente dormido. Se apagó rodeado de Antonia y de sus amigos.

Tres días después, paseando por Palma, de pronto vi venir de frente, por la misma acera, a Antonia, la pareja de René, con la que no coincidía desde antes de su fallecimiento. Se me abrazó llorando y dando las gracias a todo el equipo por haber ayudado a aquel hombre a morir como había vivido toda su vida, con elegancia, autonomía y confianza.

Cuando nos despedimos, miré el reloj: eran las 11:00. Al recordar que era día 11 de noviembre, cuando en Colonia empieza el carnaval, sentí una oleada de gratitud y ternura que inundó mi cuerpo. Esto no es científico, ¡pero os aseguro que es verdad! ¡El maestro suizo se fue con la precisión y la elegancia de un Rolex!

Cada uno se acerca al cierre de su biografía según ha vivido, y los que se van con más confianza generalmente son los que sienten que han hecho lo que debían hacer y, además, se dan cuenta de que, de alguna manera, formamos parte de algo que podemos llamar la vida y de que esta no es nuestra, no nos pertenece; en todo caso, nosotros somos parte de la vida, que nos sostiene y en la que nos movemos, y cuando has experimentado eso, aunque siempre hay cierta incertidumbre, algo en ti sabe que puedes abandonarte a lo que siempre te sostuvo.

Roy: no somos solo un cuerpo

Cuando Roy llegó a nuestra unidad tenía setenta y dos años bien vividos hasta pocos meses antes de su ingreso, cuando le diagnosticaron un cáncer de pulmón. Era un hombre entusiasta, animoso, con energía, que había vivido con plenitud; le gustaba bromear con su humor inglés, era senderista y disfrutaba de pasear con sus amigos por la montaña. Casado con una inglesa con la que tenía dos hijos, vivía en Mallorca desde hacía unos veinte años, aunque solo hablaba inglés.

Presentaba metástasis óseas muy extendidas de su cáncer. Consciente de su pronóstico, Roy no quería tratamientos para *aguantar*. Por el dolor producido por las múltiples metástasis en la columna y su limitación funcional, debió ingresar.

A los pocos días del ingreso, el dolor estaba controlado y Roy se encontraba acogido y cuidado. Nos comunicó que sentía tener un espacio de respeto y atención;

su esposa y su hija venían a diario, y juntos tomaban un té con pastas en la terraza de la habitación, desde donde el paisaje abarca toda la bahía de Palma y podía ver su casa. Estaba agradecido por disponer de aquel espacio y aquellos cuidados y de poder vivir con dignidad e intimidad ese tiempo tan difícil.

La enfermedad progresaba y la afectación vertebral cervical produjo una parálisis desde el cuello, una cuadriplejia que le impedía llevarse la mano a la boca, por lo que las auxiliares debían darle de comer, afeitarlo... Una mañana me confesó que de día se encontraba bien, aunque por las noches sufría muchas pesadillas en las que se veía encarcelado, prisionero, encerrado de forma agobiante. Reflexionamos sobre el hecho de que su cuerpo estaba fallando y lo mantenía así: su cuerpo se había convertido para él en una cárcel.

Le recordé que él, además de un cuerpo, tenía en su interior, en su conciencia, toda la experiencia de su vida, toda la memoria de las excursiones a la montaña, donde era libre, y que su valor como persona, su consistencia y su dignidad no se basaban en el funcionamiento del cuerpo. En ese momento se le encendió la mirada y se encontró con esta realidad. Nos agradeció que le hubiéramos «orientado» ahora que se encontraba «un poco perdido por la niebla del camino»; los comentarios le habían ayudado a recobrarse a sí mismo y a tomar conciencia de que, pese a no poder moverse, seguía siendo él. Podía continuar disfrutando de la presencia de su familia, del té de las mañanas, de las visitas de sus amigos; podía vivir con una presencia plena esos últimos días, que pasaba a la espera de que llegara su hijo de Inglaterra. Su cuerpo se iba deteriorando y cada vez estaba más débil, hasta que llegó a no poderse levantar de la cama.

Siempre que iba a verlo, nos recibía interesado, con una mirada de viejo sabio acentuada por sus abundantes canas. En las visitas, nos acercamos y nos sentamos, cuando hay confianza, en el sitio que nos deja el paciente en la cama, y solemos mantener la proximidad a través del contacto físico —le tomo la mano— y de la mirada, con la que intentamos transmitirle todo el aprecio, el valor y el reconocimiento que podemos.

En sus últimos días, Roy estaba más abierto y sensible que antes, y una mañana nos dijo:

—Soy muy afortunado de haber venido aquí, y me pregunto por qué usted es tan amable conmigo.

Entonces, nos habíamos ido aproximando emocionalmente más y más a aquella persona, que, desde su fragilidad, se iba haciendo cada vez más digna y transparente y merecedora de respeto y afecto. Al haber sido preguntado de manera tan directa, sin saber de dónde me salían las palabras, recuerdo contestarle:

—Roy, ¿quieres saber un secreto?

—Sí.

—Pues contigo me pasa algo especial; ahora mismo me he dado cuenta de que, con tu aspecto físico, tu pelo blanco, tu edad, tu cara, pero, sobre todo, la forma tan dulce y digna de afrontar la desgracia y el sufrimiento, me recuerdas mucho a mi padre. Y, sin darme cuenta, me acerco a ti, de un modo especial y que siento muy agradable. Es un gozo venir a verte cada día y estar contigo.

Me percaté de la autenticidad de esas palabras, de las que ni yo mismo había adquirido conciencia antes, y en aquel momento intenso, ambos nos conmovimos. Me miró, y, desde esta proximidad, respondió:

—¿Quieres saber tú ahora un secreto? —resultaba conmovedor ver cómo, en su debilidad, hacía esfuerzos para hablar y contar la siguiente historia—. Cuando era joven, durante mi servicio militar, en Inglaterra pidieron voluntarios para trabajar en la limpieza de la capilla del regimiento, en una ermita a varios kilómetros del campamento. Ninguno de aquellos jóvenes quería ir, y yo me presenté voluntario ante las risas de los demás. Me mandaron y me encontré solo para pasar allí una semana. Era un lugar muy especial, el silencio y la belleza del entorno eran únicos. Viví una experiencia de paz y de gozo que no puedo expresar con palabras pero que seguramente ha sido la más importante de mi vida; me sentí transportado a otra dimensión, la vida en aquellos días fue muy plena y profunda, y me entristeció tener que dejar aquel sitio cuando, al cabo de una semana, que a mí me pareció un momento, me vinieron a buscar.

»Esa experiencia no se la he contado a nadie; la he guardado siempre en mi corazón y es la que me da la confianza de saber que aquel sitio existe y que ahora, cuando acabe esto de la enfermedad, es adonde voy a ir.

Quedé impresionado por la autenticidad de su testimonio y entendí su solidez personal ante el sufrimiento; tenía un espacio de seguridad interior que le permitía vivir los problemas *de fuera* como algo pasajero. Entendí su secreto, el que le daba esa consistencia delante del sufrimiento y la muerte. La experiencia vívida de un estado modificado de conciencia ocurrida más de cincuenta años antes le había dejado una profunda marca en la memoria, y este era el pasaporte para saberse en manos de algo mayor que él mismo y que le transmitía una profunda paz y esperanza.

Roy se dejó ir poco a poco y se fue durmiendo; murió acompañado del personal de la unidad a los pocos días de haber visto llegar a su hijo de Inglaterra. A la semana, su esposa nos vino a ver para darnos las gracias. La tarjeta que dejó para el equipo, una de esas postales inglesas con flores de color pastel, decía: «Nunca olvidaremos lo que han hecho ustedes por Roy y por nosotros y los llevaremos siempre en nuestro corazón».

El recuerdo de la vitalidad y el coraje de Roy también viven en nuestro recuerdo, al igual que su confianza.

Todos guardamos secretos en nuestro corazón, la gratitud de Roy nos desveló el suyo. Por otro lado, pocos vivimos experiencias fundantes, lo que Abraham

Maslow —el padre de la psicología humanista— llamaba *experiencias cumbre,* en las que se disuelve nuestra habitual percepción limitada de la realidad, accedemos a estados de conciencia transpersonales y vivimos la unidad con el todo. Dichas experiencias transforman al individuo, por haber entendido de forma innegable que la vida es más que lo que percibimos y que morir es solo un cambio de nivel de conciencia. Roy lo sabía, y, por ello, estaba sereno.

Andrés: «Vengo a que me ayuden a morir»

Un día de otoño, Andrés se presentó por su cuenta en la consulta externa de nuestra unidad. Era un varón de cuarenta y nueve años, casado y con un hijo de ocho. Seis meses antes había sido diagnosticado de un cáncer escamoso del vértice del pulmón derecho. Desde el diagnóstico en el TAC, se observó que había afectación y destrucción de las costillas: ya no era operable; se trató con radioterapia, a pesar de lo cual, el tumor había progresado. Tenía un tumor de Pancoast, que es extraordinariamente doloroso, al extenderse e infiltrar los nervios y, a veces, los primeros cuerpos vertebrales y costillas.

En su primera visita, Andrés mantenía un estado general conservado sin pérdida de peso ni funcionalidad; no presentaba insuficiencia respiratoria ni otros síntomas, excepto un cierto malestar general debido al insomnio y al dolor lacerante en la región del plexo braquial, que le producía un dolor intenso y refractario a los tratamientos recibidos y un sufrimiento por la falta de perspectiva de mejora. El dolor había aumentado pese a estar tomando dosis altas de mórficos. Le producía insomnio, tenía ansiedad y desesperanza.

Nos confesó que había venido por su cuenta, sin ser remitido por su médico.

Durante toda la entrevista, se mantuvo parcialmente doblado sobre el lado derecho: se tomaba el codo derecho con la mano izquierda y, en la exploración, mostraba una gran sensibilidad, apenas se dejaba.

Desde el primer momento, su petición era clara:

—Sé que ustedes ayudan a morir a la gente. Vengo a que me ayuden a morir, no puedo seguir viviendo así. Estoy sufriendo de manera inhumana, nadie me quita el dolor y no me atrevo a suicidarme, espero que me ayuden.

Vimos que era un paciente consciente, autónomo, con un mal pronóstico y un dolor difícil que hasta entonces no se había podido controlar; su petición, desde su perspectiva, parecía razonable. Estaba claro que había un sufrimiento no controlado que merecía explorarse mejor, así que investigamos qué lo llevaba a plantear semejante solicitud.

Como hacemos siempre, además de por los aspectos físicos de la enfermedad, nos interesamos por su biografía, por su familia y por su profesión, y por aspectos sociales y personales, que a menudo nos ayudan mucho a entender cómo las personas viven su enfermedad.

Andrés, nacido en Argentina, era músico; había venido a España a sus veinticinco años y se había ganado la vida tocando en un grupo en varias salas de fiesta. Actualmente, daba clase de música a niños en una academia. Se había casado y vivía con su esposa, con la que tenía un hijo de ocho años. Su situación económica y familiar era estable. Conocía el pronóstico de su enfermedad y nos contó que lo que más le preocupaba era que su hijo lo viera sufrir y lo recordara como alguien que murió gritando de dolor.

Al profundizar en esta preocupación, nos contó de dónde surgía:

—No quiero morir como mi padre. Él murió de lo mismo, de cáncer de pulmón. Yo tenía dieciocho años, y aún recuerdo sus gritos pidiendo ayuda; me decía: «Andrés, compra una pistola y pégame un tiro, no puedo vivir así». Ya lo he vivido, él murió rabiando, sus gritos de dolor me han marcado mucho, ¡no quiero que mi hijo me vea así…! ¡Ayúdenme!

Nos dimos cuenta de que había un recuerdo traumático detrás de su dolor y una sincera preocupación por su hijo.

—Andrés —le dije—, las cosas han cambiado mucho desde que pasó lo que nos cuentas, hace casi treinta años. Hoy podemos escribir el relato de otra manera; tu padre te dejó un mal recuerdo, podemos intentar dejarle a tu hijo una herencia diferente, otra forma de recordar a su padre. Te propongo que nos dejes ayudarte, que ingreses unos días con nosotros. Vamos a tratarte, y seguramente conseguiremos controlar el dolor; podrás irte a casa sin necesidad de acortar tu vida y disfrutarla con tu familia, ya que, por tu estado general, es previsible que tengas bastante tiempo por delante.

Andrés aceptó e ingresó en una amplia habitación, en el entorno acogedor de nuestra unidad, donde, además de ajustar fármacos analgésicos, añadimos coanalgésicos, benzodiacepinas y antidepresivos. Fuimos ganándonos su confianza. El ingreso supuso un cambio de su rutina de insomnio, ansiedad, miedo, dolor e incertidumbre, y, en unos días, conseguimos un buen control del dolor. De vez en cuando tomaba alguna dosis de rescate, lo que le daba una nueva sensación de control sobre el dolor. Poco a poco, cedió el insomnio y ganó confianza, y empezó a ver de otra forma su futuro.

Al cabo de una semana, Andrés se fue de alta, y, a los pocos días, nos mandó una hermosa foto de él con su esposa y su hijo en una fiesta de cumpleaños del niño: estaba muy agradecido. Siguió acudiendo a controles en la consulta y nos regaló algunas cintas de música grabadas por él y su grupo.

Tras varios meses, cuando, por su mal estado general, ya no podía venir por su cuenta, pasó a ser atendido en casa por nuestros compañeros del equipo de atención domiciliaria. Falleció en su casa acompañado de los suyos con un buen control de síntomas a los siete meses de la primera entrevista.

Eric Cassell, un profesor americano, nos dejó una frase que nos ayuda a discernir casos como el de Andrés. Este médico de Nueva York decía de forma gráfica: «Los cuerpos duelen, lo que sufre son las personas». Es decir, el dolor es físico, corresponde a algún problema orgánico y suele poder controlarse con fármacos o intervenciones sobre el cuerpo, mientras que el sufrimiento es existencial, es fruto de nuestra percepción de que no tenemos recursos para afrontar la amenaza a nuestra integridad. Siento que está ocurriendo algo que me destroza o destroza lo que yo aprecio como mío y no veo la posibilidad de solucionar o de resolver esta amenaza a mi integridad como persona.

Aunque el dolor mal controlado puede ser causa de sufrimiento, como en el caso de Andrés, cuando este se controla, desaparece la amenaza. En otras ocasiones, el sufrimiento no puede *resolverse* quitando la causa, sino solo trascenderse abrazando lo que no podemos cambiar. Entonces, nada más queda que aceptar lo que nos pasa, aunque no nos guste. Y, a menudo, descubrimos que hay más vida y otras realidades que las que habíamos creído y con las que nos habíamos identificado y podemos aprender a vivir con otra perspectiva. Con frecuencia, el cambio de perspectiva es más fácil hacerlo si alguien que conoce el itinerario te acompaña y te sugiere el camino. Ante el miedo y la incertidumbre, la confianza del profesional sirve de apoyo y de guía. Eso es lo que hacemos en cuidados paliativos.

Miguel: una mala persona es alguien que no se conoce

A veces, mi equipo se reía con mis teorías, como cuando les insistía en que las personas somos buenas por naturaleza, aunque lo hubiésemos olvidado. Y, para resumirlo, decía: «Un hijo de puta es una persona mal informada de sí misma, y, si lo tratamos como buena persona, es posible que se llegue a comportar como tal». Otra frase que les hacía gracia era: «Estamos aquí para que la gente muera sana, íntegra, habiendo cerrado bien el proceso de vivir, haciendo las paces con su propia historia, y, para ello, debe conectar con ese fondo sano y amoroso que a todos nos sostiene por dentro».

Miguel nos ayudó a verificar de forma empírica ambas teorías.

Se trataba de un paciente ingresado en otra planta del hospital, conocido por lo conflictivo y desagradable que era; gritaba, insultaba y a veces escupía a las enfermeras. Era enfermo de sida en etapa avanzada, con antecedentes de drogadicción por vía parenteral, era etílico, un marginado social y tenía tuberculosis.

Un día debió trasladarse al hospital de agudos de referencia para el drenaje de un absceso. Allí montó otra escena de gritos y otros pacientes se quejaron. Salió una noticia en el periódico local en la que se hablaba de maltrato.

Al ir a trasladarlo de nuevo a nuestro hospital, en su antigua planta no tenían camas, y, como era un paciente con mal estado general, se decidió traerlo a paliativos. Esa mañana, una auxiliar me dijo: «¿Sabes, Enric? Nos van a mandar a este hijo puta al que nadie quiere». Y le contesté: «Bien, vamos a probar nuestra teoría sobre las malas personas. Porque Miguel es una persona muy enferma físicamente, pero también emocional y espiritualmente. Vamos a imaginar que es una excelente persona con el mismo fondo de bondad que nos sostiene a todos, aunque él lo desconoce, y para ello habrá que tratarlo como a alguien que merece todo el cariño y la atención que podamos darle. Pensemos que ingresa el príncipe Felipe —entonces, el actual rey de España veraneaba en Mallorca y era todavía príncipe—». Alguien saltó: «Ya está Benito con sus rarezas». Y continué: «Quiero decir que, cuando llegue, vamos a tratarlo como si fuera la persona más importante, y queremos cuidarla con exquisitez y ternura».

Cuando Miguel ingresó, vimos que, a sus cerca de sesenta años, estaba muy deteriorado, con muy mal estado general, encamado. Nos recibió con la cabeza cubierta de mantas, casi en posición fetal. Antes de entrar, nos habíamos preparado para una intervención difícil, y fuimos un equipo selecto: enfermera, psicóloga, auxiliar, trabajadora social y yo entramos todos en la habitación, nos acercamos al paciente y empezamos con un «buenos días». Soltó un gruñido desde debajo de las sábanas. «¿Cómo te encuentras?». Siguió refunfuñando. «Imaginamos lo difícil que ha sido el traslado del otro hospital —continuamos—, te hemos traído un zumo. Y queremos saber si tienes dolor y necesitas algún calmante».

Al cabo de un rato de insultos y de ver que no nos tomábamos en serio sus groserías y que seguíamos allí con actitud de interés, debió de pensar: «¿Pero estos no saben que soy un animal?». Asomó la cabeza, nos miró y debió de sorprenderse de tanto interés. Siguió refunfuñando, mientras nosotros manteníamos la actitud de cálida acogida a aquel príncipe que no sabía quién era. Sin exagerar, pasó más de media hora en la que íbamos aceptando sus insultos y devolviéndole nuestro respeto y afecto.

Fue una entrevista larga que voy a resumir.

Ante nuestro reconocimiento y respeto, que quizás nunca había experimentado, poco a poco fue dejando que le pusiéramos un calmante. Debió de empezar a sentirse mejor. Al cabo de otro rato, se dio media vuelta y me permitió sentarme en la cama cerca de él. Empezó a contestar con monosílabos a nuestras preguntas, y, en un momento concreto, yo, siguiendo mi intuición, le dije:

—Por favor, háblame de tu madre.

Él, refunfuñando, contestó algo que entendí como:
—*¡Mgrrrrsshhñññgaabaaa!*
Con toda la dulzura con la que se puede cuidar a un niño enfermo, le pregunté:
—¿Cómo dices?
Entonces, casi gritando, le salió más claro y de muy dentro:
—¡¡Me pegaba!!
Vi que habíamos llegado a un punto importante, y, acercándome más, le planteé:
—Cuéntanos, por favor: ¿qué pasaba, por qué te pegaba?

En esos momentos, se conectó con su infancia y fue contando entre lágrimas una historia durísima en un barrio de chabolas de las afueras de una gran ciudad, una mujer joven y abandonada por un marido alcohólico, sin apenas recursos, criaba a varios hijos; cuando Miguel tenía hambre, se acercaba a la madre a pedir comida, y, si ella no tenía nada que darle, le pegaba para que se fuera y no molestara. Si volvía a tener hambre, aquel niño se aproximaba a la madre sin saber nunca si habría algo de comer o una bofetada.

Nos quedamos muy impactados por su relato, tan auténtico como doloroso. La habitación se había inundado de una tristeza espesa que nos conmovió a todo el equipo, algunos ya con silenciosas lágrimas.

Le traté de acompañar. Sabía que poner palabras a lo que no se ha verbalizado ayuda a elaborar el trauma, el dolor y el sufrimiento, y más cuando el relato parecía estar congelado desde su infancia. Me acerqué más, lo tomé por el hombro (sentía que me daba permiso para ello) y le dije:

—Qué difícil y duro debió de ser para tu madre, con lo mucho que debía de quererte, tener que hacer eso por no tener qué darte, ¿no?

Y seguí normalizando y validando:

—Y qué duro habrá sido para ti vivir con esta experiencia tan fuerte toda la vida sin podérselo contar a nadie.

Entonces ya se había ablandado: fue decirle eso con profundo reconocimiento y ternura, y empezó a llorar, a soltarse y a aflojar; estuvo llorando un buen rato a moco tendido, nos abrazamos. Fue como abrir un absceso a tensión del que empieza a salir el pus y la persona se va aliviando, estábamos todos impactados y sosteniendo la respiración. En ese momento él y yo nos abrazábamos, él lloraba y moqueaba sobre mi hombro. La escena duró un buen rato, y, cuando consideró que ya era suficiente, con su brusquedad habitual, nos dijo: «¡Ya está!». Y se separó de mí y se echó en la cama, tan largo como era. Al poco tiempo, se puso a dormir.

Nos miramos unos a otros conmovidos y nos fijamos en el reloj: habían pasado varias horas, ya habían cambiado el turno de tarde y no habíamos almorzado, pero nos sentíamos más vivos que nunca.

A la mañana siguiente, cuando llegué y pregunté por él, me contaron que siguió durmiendo hasta las cinco de la madrugada y, después, se fue, es decir se murió dormido y tranquilo. Es verdad que había llegado muy deteriorado, pero nos quedamos igualmente impresionados por la dureza y la ternura de su historia.

La lección que yo saco es que siempre hay posibilidades de milagro, y, cuando en el entorno te tratan como a una persona, aunque tú no te hayas tratado nunca así a ti mismo, eres capaz de conectar con tu humanidad y sanar.

Sigo convencido de que una mala persona es una persona mal informada de sí misma. De la misma forma, entiendo que alguien que te agrede o insulta es alguien que pide ayuda de forma equivocada, la hostilidad es una forma de cubrir el miedo o la vergüenza que no se puede mostrar. Si sabes ver más allá de las apariencias, entenderás que el agresor es alguien que está fuera de sí mismo, haciendo algo impropio de su propia naturaleza y necesitado de comprensión y apoyo para poder conectar con lo que realmente es, su fondo naturalmente sano, sabio y bondadoso.

Damián: los niños saben

Damián tenía seis años y medio y era paciente oncológico desde que, a los dos años, le diagnosticaron un extraño tumor, un sarcoma de diafragma. Tras cuatro años de cirugías, radioterapia y quimioterapias múltiples, el tumor se había extendido y afectaba masivamente el pulmón. Iba de mal en peor y le quedaba poco tiempo.

Los pediatras me llamaron a consulta; me impactó que aquel niño hubiese pasado la mayor parte de su corta vida entrando, viviendo y saliendo del hospital, donde las enfermeras y los médicos de alguna manera lo habían *adoptado,* aunque las intervenciones y tratamientos no eran ningún juego para una criatura tan joven. Era alguien que había sufrido la mayor parte de su vida.

Su entorno familiar era casi tan duro como su situación clínica: su madre se quedó embarazada de Damián siendo soltera, su pareja la abandonó y tuvo una gran depresión durante el embarazo. El apoyo de madre e hijo era el abuelo de Damián, fallecido el año anterior.

Al ver las radiografías, con una diseminación pulmonar masiva de las metástasis, entendí que tendríamos problemas respiratorios severos a corto plazo. Me entrevisté —junto con los pediatras— con la madre, a la que le pedimos que nos contara la vida de ambos y cómo se habían ido adaptando; después, le explicamos lo delicado de la situación actual y el pronóstico tan grave que veíamos venir.

La madre ya lo intuía, y aceptó, con la lógica tristeza, nuestros consejos.

Como siempre, lo primero fue conectar con la persona, establecer un vínculo entre dos en el que, por mi parte, aporté interés genuino, hospitalidad, acogida y aceptación incondicional y sin juicio de todo lo que surgiese del encuentro, para promover, a través de dicha actitud de acogida, que la persona pusiese palabras a sus vivencias. De esta forma, el que nos cuenta su relato se siente autorizado a profundizar y aportar detalles como no lo había hecho antes en su propia experiencia.

La historia de esta madre que había sufrido tanto desde el embarazo —el nacimiento, el criar en aquellos años en un pueblo y sin marido a un niño cuya crianza la sacó del pozo de la depresión y, después, la enfermedad permanente de Damián, la muerte de su padre y ahora lo que nos esperaba— fue realmente conmovedora.

Cuando ya teníamos un cierto grado de confianza, le pregunté cómo veía lo que estaba pasando y qué creía que iba a ocurrir. Como toda madre, era consciente y sufría por la inminente pérdida de su hijo, al que había dedicado todos estos años, aunque, al mismo tiempo, después de tanto sufrimiento, una parte de ella también aceptaba lo que fuera a venir, con la condición de que su hijo no sufriera.

Me encargué de tranquilizarla: íbamos a procurar que el niño se fuera en paz y sin distrés.

Luego acudimos a conocer a Damián y a hablar con él. Pese a su edad, con el sufrimiento acumulado, intuí su madurez humana y sentí que debía hablarle con honestidad, con un lenguaje adecuado, calidez y afecto, pero yendo al grano, sin mentir. Estábamos su madre, el pediatra, la enfermera y yo.

Damián era un niño muy despierto. Me acerqué y, como siempre, traté de establecer una conexión basada en la confianza. Me presenté, le dije que conocía su historia, que era un médico que sabía lo que le estaba pasando y lo que pasaría después y que había venido para ayudarle a estar bien. Le pregunté cómo se había llevado con su abuelo y me di cuenta de que podía seguir por esa vía, pues el niño la aceptaba. Le planteé si sabía que el abuelo estaba bien en un sitio donde la gente no sufría y que seguramente nos estaría ayudando en todo lo que pasaba aquellos días.

Le comenté que entendía que le costase mucho respirar, que, a veces, esa dificultad puede aumentar y que, si en algún momento ocurría y se encontraba muy cansado, teníamos unas medicinas que podíamos poner en el suero para que él descansara y se durmiera, que así no tendría miedo de ahogarse. Damián, abrazado a su madre me escuchaba y me miraba con sus grandes ojos desde detrás de la mascarilla de oxígeno, que le tapaba media cara.

Me pareció que lo mejor que podía hacer era darle la llave de su propia sedación y le dije: «Mira, Damián, yo ahora voy a dejar escrito en tu historia clínica unas órdenes para que el día que tú sientas que te cuesta mucho respirar, que estás muy cansado, pidas que te pongan estas medicinas que te ayudarán a dormir y dejar de pasarlo mal, ¿te parece bien?». Él contestó que sí, y le di la mano y un beso para cerrar nuestro pacto.

Pasaron varios días. Una mañana entré en una cafetería en la ciudad; mientras tomaba un café y ojeaba el periódico, mi vista se fue a las notas necrológicas y encontré el nombre de Damián, que había fallecido el día anterior. Sé que lo que voy a decir no es verificable, pero te aseguro que sentí una fuerte oleada de ternura y gratitud, como si Damián me diera las gracias por nuestra conversación. Me conmoví por haber vivido esa dura y tierna experiencia.

Al cabo de unos meses, me llamaron para dar un curso de cuidados paliativos en el servicio de pediatría del mismo hospital; después de mi charla se acercó una enfermera y me dijo:

—Tengo algo para usted. ¿Se acuerda de Damián? Yo estaba de turno el día de su muerte y tomé unas notas para dárselas. Las tengo aquí.

La enfermera me pasó el texto que transcribo aquí literalmente:

Aquella iba a ser la última tarde de Damián entre nosotros. Escribí algunas de las frases que mejor recuerdo de Damián.

«Sé que mis enfermeras tienen una medicación para ponerme si me pongo muy nervioso y me cuesta respirar, me lo dijo el médico que vino a verme».

«Solo quiero estar con mi mamá».

«¡Me muero!, ¡quiero que me duerman!».

«Quiero que me pongan esta medicina para hacerme dormir ya, estoy muy cansado».

Hablamos con la madre para decirle que el empeoramiento no iba a mejorar y preguntarle si ella creía que había llegado el momento de sedarlo, el niño nos lo estaba pidiendo. Acordamos con ella iniciar la sedación; entré en la habitación y Damián me dijo:

—Prométeme que me vas a poner esta medicación. ¡Enséñame cómo enciendes la bomba con la medicación para dormirme!

En los brazos de su madre, mientras yo conectaba la sedación, se dirigió a mí y me dijo:

—Y ahora voy a dormir, ¡no quiero que nadie me despierte nunca más!

Se abrazó a su madre, y se tranquilizó al ver que las bombas ya estaban funcionando y se durmió.

Durante la noche, su madre estuvo despidiéndose de él y explicándole que estaría tranquilo y que iría a un sitio donde no había sufrimiento: allí encontraría a su abuelo. El niño le contestó a su madre «ya sé que ese sitio es el cielo»; se durmió y falleció a las 8:30 de la mañana.

Los pediatras me agradecieron que les enseñase a tratar a los niños como a personas con capacidad de entender y tomar decisiones: hasta entonces, solo hablaban con los padres de los temas más delicados. A partir de ahora, los integrarían en la toma de decisiones.

Nuestros maestros nos enseñan si estamos dispuestos a aprender sus lecciones. Los niños saben más de lo que son capaces de compartir con palabras, es bueno tenerlos siempre en cuenta y, con el lenguaje adecuado —a veces puede ser el dibujo y, siempre, el juego—, acercarse a ellos de forma honesta. La verdad puede doler, pero siempre se acompaña de paz.

Mateo: la sabiduría no tiene edad

Mateo era un campesino de setenta y ocho años, de un pueblo del interior de la isla, un hombre alto, fibroso, quemado por el sol y curtido por su trabajo y, al parecer, por la vida. Al conocerlo, te dabas cuenta de que era sencillo, auténtico, con escasa cultura y mucha sabiduría.

Ingresó en nuestra unidad con el diagnóstico de cáncer de páncreas localmente avanzado e irresecable. Había tenido bastante dolor abdominal, que aumentaba con la ingesta, y, en su estoicismo, para evitar las molestias apenas comía, y, cuando lo hacía, era en poca cantidad y en repetidas veces al día.

Al ingreso de cualquier paciente, teníamos un protocolo de acogida que, básicamente, consistía en ir juntos a la habitación los tres o cuatro miembros del equipo que seríamos sus cuidadores, la auxiliar clínica y la enfermera a cargo de la habitación, la psicóloga, el médico y, si estaba disponible, también la trabajadora social. Nos presentábamos como sus cuidadores con nuestros nombres y profesiones y, a pesar de conocer su historia clínica, le preguntábamos su versión de lo que le ocurría, por qué lo habían remitido a nuestro equipo y qué esperaba de nosotros. Procurábamos que la familia estuviera presente y, si quedaban dudas, a veces hablábamos después con ella.

Una vez conocido el paciente, su entorno y las posibilidades de tratamiento, hacíamos un plan terapéutico que compartíamos con el enfermo.

Al ir a visitar a Mateo, lo encontramos solo, pues su esposa había ido a solucionar algún trámite administrativo. Le preguntamos qué le pasaba y qué le habían explicado de su diagnóstico. Mateo, desde su sencillez y sabiduría, nos ayudó rápidamente a centrar el plan. Empezó diciendo:

—Mire, médico —se señaló el área del abdomen—: aunque no me lo han dicho, creo que tengo algo malo por dentro que me come... y no me deja comer. En el hospital han hecho pruebas, pero, por lo visto, esto está tan agarrado que no saben si lo pueden sacar; yo imagino que deben de pensar que, si me abren las carnes para sacarme esto, a mi edad es muy probable que las carnes ya no cierren bien, y por eso no me han querido operar. Ahora lo único que me preocupa es el dolor, y la pregunta que tengo yo para usted es: doctor, ¿usted me puede quitar el dolor?

Hablaba con serenidad, y confianza. Le contesté que nosotros seguramente podríamos controlar bien el dolor, aunque no lo podríamos curar de su enfermedad.

Él pareció alegrarse y afirmó:

—Si ustedes me quitan el dolor, todo lo demás ya está, no hay problema.

Estaba claro que sabía que su enfermedad era grave, y, de alguna forma, parecía intuir su corto pronóstico. Cuando alguien es sincero y abre un tema delicado, creo que lo más respetuoso es reconocer y agradecer su confianza. Y mostrar interés y disponibilidad por él si quiere seguir elaborando.

—Mateo, parece que solo te importa el dolor y que lo que pueda pasar no te preocupa. ¿Cómo has llegado a esta confianza y esta serenidad? Porque no es frecuente que los pacientes tengan la tranquilidad que tú nos muestras.

Aquí, Mateo, que ya nos había percibido interesados y supongo que confiaba en nuestro equipo, nos lo explicó:

—Vamos a ver, yo soy un hombre que ha vivido muchos años y siempre en el campo, y, si no eres tonto, te das cuenta de cómo va la vida. Para que me entiendan, a veces, paseando por el campo, veía un almendro o algún otro árbol que había cogido algún mal que se lo iba a llevar, y al verlo pensaba: «Ese árbol está sentenciado». Y, después de un tiempo, tras una tormenta o un vendaval, volvía a pasar por allí y el árbol estaba en el suelo muerto. Yo ahora soy como el árbol que ya está tocado y listo para caer, y el próximo vendaval me va a llevar, y si usted me puede quitar el dolor, lo demás ya está.

Nunca había sido testigo de una aceptación de la realidad más auténtica que la de aquel sencillo y sabio campesino, que nos facilitaba tanto las cosas a los que a menudo teníamos que, además de controlar el dolor, lidiar con la negación del paciente y la familia o con las mentiras sobre el pronóstico, que habitualmente son más difíciles de paliar que los síntomas físicos.

Los maestros como Mateo son sabios, y, en la medida en que aceptan una realidad que no se puede cambiar, mueren con menos conflicto y nos dejan una lección que merece ser reconocida y compartida.

Es curioso que los que llegan mejor preparados para aceptar no son necesariamente intelectuales, ni personas cultas, ni ricas ni famosas, sino sencillas, auténticas, gente que ha entendido cómo funciona la vida, donde lo más obvio —aunque, en general, también lo más obviado— es la impermanencia, el cambio y nuestro paso por un tiempo limitado en esta tierra. Si vives sabiendo esto y aceptando esta realidad, te ahorras mucho sufrimiento y vives con más plenitud.

Isabel: partir en paz

Isabel era una mujer de cincuenta y seis años que ingresó diagnosticada de cáncer de mama avanzado con afectación medular y ósea y sin posibilidades terapéuticas. Físicamente estaba bastante deteriorada, encamada y con bastantes dolores en su ingreso. Era consciente de su situación y agradecía nuestros cuidados.

Era psicóloga y había estado trabajando con personas afectas a las adicciones. Estaba divorciada y tenía un hijo de diecinueve años que estudiaba en la Universidad de Barcelona. En unos días conseguimos controlar el dolor y nos ganamos su confianza, tenía bastantes visitas de sus amigos. Isabel, consciente de su deterioro, intuía la progresión y el destino del viaje que había emprendido.

Un día me confesó que, tras una infancia religiosa, se había convertido en agnóstica, aunque ahora le gustaría tener una conversación con un sacerdote: a través de una amiga, había invitado a uno que vendría a verla. A la mañana siguiente, apareció en nuestra planta un sacerdote de unos cincuenta años, conocido, una excelente persona que había sido misionero en África. Nos saludamos y, al ver el ambiente de la planta, de forma muy respetuosa me dijo:

—Enric, qué gran trabajo estáis haciendo aquí.

Por su lenguaje corporal y el tono de voz, noté cierto temor, cierta inseguridad ante lo que para él suponía la planta de cuidados paliativos. Le conté algunos detalles de Isabel y entró en la habitación. Yo seguí con mis otros pacientes. Más tarde, cuando acabó, vino a despedirse y me comentó:

—No le he hablado de la confesión, pero le he hecho una imposición de manos. Creo que ha ido bien.

Le agradecí su ayuda y fui a ver a Isabel. Cuando le pregunté cómo había ido la entrevista, me miró y, algo enfadada, contestó:

–No me ha servido para nada, ese hombre tiene más miedo que yo a morirse.

La entendí y le propuse hablar con Paco, el cura que habitualmente atendía en nuestra planta: tenía formación de acompañamiento y asistía con regularidad a nuestras reuniones de equipo, le dije que yo confiaba bastante en él. Ella aceptó.

Después de ponerlo en antecedentes, sugerí a Paco que visitase a Isabel. Tras la nueva entrevista, le pregunté a la paciente:

—¿Qué tal te ha ido con Paco?

—Una maravilla, porque mira, le he dicho que, al diagnosticarme hace unos años de cáncer de mama diseminado con un hijo adolescente, pensé «¡si hay Dios, debe de ser un cabrón!» y me ha contestado: «¡Yo habría pensado lo mismo!». No puedes imaginar lo mucho que me ha aliviado que un cura haya entendido mi enfado; hemos hablado mucho y me siento bastante mejor.

En general, acompañar no es resolver, sino escuchar, validar y aceptar lo que se da y reconocerlo, sin juicio. La conexión con otro ser humano que nos acepta con todo lo que traemos es en sí misma sanadora.

Pasaban los días y me sorprendía que el hijo de Isabel no apareciera por allí mientras ella se deterioraba. Le pregunté por su hijo y me dijo que tenía exámenes y que no quería molestarlo. Sin embargo, explorando un poco más, descubrí que le estaba ocultando su pronóstico a su hijo para protegerlo. Entonces, sentí que necesitaba abordar el tema con más honestidad:

—Isabel, esto me parece que no lo haces bien, porque, queriendo proteger a tu hijo, lo vas a perjudicar. Si a ti te pasa algo y te vas y tu hijo no está preparado para ello, el chico va a sufrir un duelo complicado y lo vas a condenar a ser paciente psiquiátrico durante bastante tiempo. Tu hijo necesita saber la verdad, poder estar contigo, acompañarte y cuidar de ti como tú lo cuidaste a él cuando era un bebé vulnerable y dependiente. Y a ti te haría bien explicarle cómo está la situación, dónde están la libreta del banco y las cosas que quieres dejarle, cómo quieres que él te recuerde.

—Pero esto es muy difícil y no sé cómo hacerlo.

—Si me das su teléfono, lo llamaré y veremos —contesté.

Ella confió en mí, y al rato, llamé a su hijo y le dije que su madre necesitaba verlo. Su respuesta me sorprendió:

—Ya lo sabía; estoy preocupado, porque, cuando hablo con ella, noto que me miente. Yo quiero ir, pero ella me dice que tengo que terminar los exámenes.

El hijo vino a la unidad. El encuentro entre ambos les permitió conectar entre ellos y con la realidad, el clima en aquella habitación había cambiado. Cuando Isabel se fue, su hijo estaba preparado: juntos habían aceptado lo que venía y que nadie podía cambiar.

La verdad nos hace libres. Aunque duela a veces, es mejor que la ignorancia o la mentira, pues estas bloquean nuestra capacidad de adaptarnos a los cambios y no nos permiten seguir fluyendo por la vida.

Cuando la verdad entra en una habitación, siempre lleva consigo la paz. Sé que alguien puede replicar: «¡Y también lleva consigo la tristeza!». Es cierto, pero, como dice mi amiga y maestra la filósofa Mónica Cavallé, ambos no son incompatibles. Se mueven a diferentes niveles: la tristeza es emocional y la paz es espiritual.

La tristeza es una emoción que suele surgir ante la pérdida de algo o de alguien querido; la paz se experimenta a nivel espiritual, y, cuando pierdes a un ser querido, es normal y adaptativo sentir tristeza, pero, cuando ves que la persona parte habiendo conseguido tener paz y tú sientes que has hecho las cosas como creías que se debían hacer, tienes también paz.

Siento que esta distinción es importante, pues a menudo algún familiar me comenta: «No se lo puedo decir a mis amigos, pero, aunque siento tristeza por la muerte de mi madre, estar con ella las últimas horas y verla partir en paz me ha dejado a mí una experiencia de paz e incluso de gozo que no entiendo; no me atrevo a decirlo porque les parecería que estoy loca». Te confirmo que esto es habitual; la mayoría no se atreve a expresarlo, pues parece que, tras la muerte de un ser querido, solo tenemos permiso para sentir tristeza. Espiritualmente, podemos saber que esta persona está en paz, y esto también nos da paz.

Guillermo, una sanación inesperada

Guillermo era un paciente de sesenta y tres años tratado de un cáncer avanzado de colon. Cuando se hizo evidente que la enfermedad no respondía a los tratamientos y que las metástasis diseminadas le producían muchos síntomas, ingresó para su control en nuestra unidad. A las tres semanas, a pesar de nuestros esfuerzos, no conseguía controlar el dolor. Fuimos cambiando los analgésicos, aumentando las dosis, añadiendo otros fármacos, como ansiolíticos y neurolépticos, sin efecto. Guillermo se iba deteriorando: pasaba el día encamado, durmiendo a ratos durante el día, apenas comía y sufría insomnio y ansiedad nocturnos.

En el equipo, este tipo de pacientes suelen vivirse con impotencia y, en cierta manera, como un fracaso. Una mañana, en la reunión de equipo en la que se comentan todos los pacientes ingresados, un auxiliar dijo:

—A Guillermo lo veo cada día peor, está muy mal y pasa muy malas noches, casi nada de lo que le damos le funciona, y sigue quejándose y llamando al timbre a cada rato. Me parece que pronto habrá que sedarlo.

Como médico, me llamaba la atención la disociación entre su deterioro psicoemocional y su relativo buen estado físico; es decir, desde el punto de vista de la extensión del cáncer, no era razonable que fuera a morir en pocas semanas, y sedar a alguien solo por nuestra incompetencia a la hora de controlar su sufrimiento era realmente un cierto fracaso.

En la reunión estaba Belén, una enfermera con la que trabajábamos en gran sintonía; compartíamos una sensibilidad para con los enfermos que nos hacía sentirnos muy conectados; era muy fácil colaborar con ella y disfrutaba de su profesión. Belén sentía lo mismo —que lo de Guillermo merecía más atención— e intuía que no era un tema orgánico que se pudiera paliar con fármacos; de hecho, probablemente, con tanta medicación, lo estábamos drogando sin conseguir lo que él necesitaba. Tomó la palabra:

—Yo creo que hay algo más que no hemos percibido, y antes de hablar de sedación me gustaría que fuéramos a verlo un rato contigo, Enric, y con tiempo para explorar qué hay detrás de todo ese malestar.

Me pareció una excelente idea. Coincidíamos en que no entendíamos lo que pasaba y en que lo que hacíamos no funcionaba. Miramos las agendas de los dos y buscamos un rato tranquilo a media mañana para estar con tiempo y ganas con Guillermo.

Aprovecho para explicar algo importante para entender la historia: no puedo, a través de las palabras, explicar los sutiles componentes de una entrevista hecha desde el respeto, la acogida, el interés genuino por lo que le sucede a una persona que sufre y la intención de ayudarla a salir de su malestar. Aunque no es científicamente demostrable, sabemos por experiencia que la persona percibe la actitud y la intención de quienes se acercan a ella, y, en medio de la vulnerabilidad, es muy importante acercarse con respeto, presencia y compasión. Entendemos la compasión como el nombre que toma el amor cuando se encuentra con el sufrimiento.

El respeto y la intención de cuidado son llaves que van abriendo puertas interiores o desmontando miedos y creando confianza en la persona que se siente sola, aislada o perdida. El objetivo básico de la relación de ayuda es, dicho en una sola palabra, CONEXIÓN. El dolor es físico, el sufrimiento es existencial, y a menudo surge de la sensación o vivencia de aislamiento. Si la persona consigue conectar con los demás y estos le ofrecen su serenidad, su confianza —sin miedo— y su afecto, es posible que la propia persona pueda hacer un viaje acompañada hacia su propio interior, conectar con sus recursos y su propia paz y bondad y sanar.

Si resumiéramos mucho lo que se transmite, la intención, sin verbalizarla, de los que se acercan a acompañar, cuando estamos ante la persona que vive en un pozo o en un infierno de malestar, se podría describir de la siguiente manera: «Me interesa lo que te está pasando. Tú mereces salir de aquí, este no es tu sitio, eres amada y digna, y esto que está pasando es temporal; vas a poder salir de este estado ahora tan difícil o doloroso. Sabemos que hay salida, aunque ahora no lo veas y no sepamos cómo va a pasar. Sabemos que no estás sola, que no te vamos a dejar sola y que, de alguna manera, vas a encontrar la salida de este estado».

Belén era la enfermera de consulta con quien compartíamos la visita a los enfermos ambulatorios; ella y yo habíamos hecho cientos de entrevistas juntos, y, por decirlo poéticamente, bailábamos muy bien con los enfermos y sus familiares.

Entramos juntos en la habitación de Guillermo y desde el primer momento le transmitimos que veníamos a estar con él para conocer mejor lo que estaba viviendo, lo que le pasaba y cómo veía él la situación. Al empezar, estaba encamado, algo somnoliento, y parecía muy cansado; fuimos mostrando interés y tratando de abrir temas que pudieran ayudarnos a entender su malestar, que intuíamos que no era solo físico.

Al cabo de una media hora, Guillermo estaba parcialmente incorporado en la cama y más atento, mientras Belén y yo nos turnábamos para explorar con preguntas y abrir temas.

Más de una hora después, habíamos pasado de los aspectos más físicos, de síntomas y médicos, sobre tratamientos y sus efectos, a asuntos más psicológicos: el insomnio, la ansiedad, la tristeza, el miedo... Poco a poco, íbamos acercándonos al núcleo del problema y él se sentía acogido, escuchado, estaba cada vez más confiado, abierto y colaborador.

Belén y yo ya estábamos en esos momentos sentados en su cama, uno a cada lado. Percibí que Guillermo hablaba de sí mismo con cierto desprecio, y, sin saber de dónde salían las palabras, me acerqué más, lo miré directamente y le dije con energía:

—Pero, Guillermo, ¡si tú eres una buena persona!

Por lo que sea, aquella frase debió de llegar a un sitio donde necesitaba ser escuchada, y él entró en un largo silencio y empezó a conmoverse y a llorar.

Belén y yo nos miramos y corroboramos sin palabras que habíamos llegado al sitio, con Guillermo cada vez más compungido y ya llorando abiertamente. Sabíamos lo importante que es permitir, validar, aceptar e incluso promover que se mantenga el llanto como cuando drenas un absceso, sale el pus y la persona se siente cada vez más aliviada de soltar una carga innecesaria.

Guillermo, retomando mi frase, exclamó:

—¡Necesitaba que alguien me dijera esto!

Y fue explicando entre lágrimas y sollozos que nunca su padre se lo había transmitido, que se había pasado buena parte de su vida sintiendo que no merecía ser querido.

Estuvimos allí el tiempo que Guillermo necesitó para recuperarse, y, al cabo de un buen rato, al dejar de llorar, levantó la vista y, de forma también muy simbólica, nos mostró cómo había recuperado una mirada nueva. Levantó los ojos, los clavó en la pared de enfrente y dijo:

—Qué colores más limpios tiene este cuadro, ¡nunca los había visto antes!

Como si en las tres semanas anteriores hubiera llevado un velo que le impedía ver la belleza de su entorno. Nos dio las gracias. Había pasado más de media mañana, pero empezó a sentirse mejor; bajamos las dosis de calmantes y, al cabo de unos días durmiendo mejor y empezando a comer, se fue de alta a su casa, donde vivió los tres últimos meses con una paz que no había tenido hasta entonces.

Esto es lo que llamamos *sanación,* que es un viaje que hace el propio paciente para conectar con sus propios recursos, que lo llevan a trascender la situación que desde la perspectiva anterior era insostenible.

La sanación es un proceso de recuperación de la integridad cuando hemos vivido fragmentados, rotos o separados de nuestra propia naturaleza esencial, de nuestro núcleo, de lo que nos sostiene. Consiste en ir más allá de la superficie con la que me identifico y que creo ser: mi cuerpo, mi nombre, mis posesiones, mis roles. Por necesidad, a menudo a través del sufrimiento, buceo en la realidad y descubro que, en el fondo, lo que me sostiene y soy nunca estuvo amenazado: aquí empieza la paz y se diluyen el miedo y la incertidumbre. Ya sabes que esto está bien, todo está bien y, pase lo que pase, acabará bien.

9
LA SOCIEDAD ESPAÑOLA DE CUIDADOS PALIATIVOS

En la década de 1960, la médico inglesa Cicely Saunders inició el movimiento Hospice, origen de los cuidados paliativos. Posteriormente, desde Inglaterra, se extendieron a todo el mundo. En España, en los años 80, algunos pioneros importaron el modelo, y en los 90 se crearon los primeros equipos.

En 1992 se fundó la Sociedad Española de Cuidados Paliativos (SECPAL), que reúne a médicos, enfermeras, asistentes sociales y psicólogos que atienden, cuidan y acompañan a los pacientes que no son curables.

La SECPAL ha sido mi casa, una familia donde compartimos la pasión por cuidar, acompañar y aliviar el sufrimiento. Un *club* de excelentes profesionales comprometidos a entender y atender a las personas —pacientes y familiares— que viven la experiencia de la enfermedad incurable.

Pese a su esfuerzo, actualmente en España no existe una ley de cuidados paliativos que garantice una atención profesional y humanizada. Nos faltan recursos y reconocimiento social, administrativo y académico y hay una gran inequidad en la atención en diferentes comunidades. Un reciente *Atlas Europeo de Cuidados Paliativos* deja España muy por debajo de la media del continente.

En 2023, en España, menos de la mitad de los pacientes que podrían beneficiarse de una atención paliativa fueron atendidos con este modelo. Es decir, la mayoría de las personas que fallecen y podrían beneficiarse de una atención paliativa no tiene acceso a ella.

En mis más de cincuenta años de práctica clínica, he visto cómo podemos ayudar a transitar este proceso de un modo más humano y gratificante para todos cuando se trabaja desde la perspectiva de los cuidados paliativos. Creo que toda persona que va a morir merece disponer de una atención humanizada y adaptada a sus necesidades, en lugar de ser tratada con un modelo basado en el curar, que en este momento no solo es ineficiente, sino que causa un sufrimiento innecesario.

Los cientos de casos atendidos nos han enseñado a mí y a muchos compañeros de cuidados paliativos que este es un tiempo para acompañar y facilitar el cierre del último capítulo de la vida de la persona, sabiendo que la forma de irse deja un impacto emocional y una experiencia vital a los que la quieren y que merece ser cuidada y acompañada, nunca escondida ni medicalizada.

Aquí, cuidando, hemos aprendido que morir bien es de vital importancia, y este proceso, crucial para el que se va y los que le acompañan, no debería dejarse en manos de profesionales sin formación en un sistema de salud tecnificado y sin recursos para cuidarlo.

Los profesionales sanitarios nos formamos con un modelo centrado en la enfermedad, construido para *curar*. El morir es visto como un fracaso, como algo que impedir y evitar. Y, cuando la enfermedad es incurable, a menudo actuamos como si el paciente no fuera a morir.

Sin formación para cuidar el proceso de morir, nos podemos comportar como cualquier ciudadano, sin criterio profesional, desde el miedo y la ignorancia. Sin embargo, cuando el profesional tiene formación, conoce las necesidades del enfermo y la familia y se enfrenta con experiencia, coraje y confianza, procurará cuidar y acompañar, en lugar de entrar en la dinámica de tratamientos fútiles que, desde la impotencia, usamos para enmascarar una realidad que no sabemos cómo afrontar.

Ante la imposibilidad de curar, el profesional centrado en la enfermedad dice «no hay nada más que hacer», y, generalmente, abandona al enfermo. O sigue intentando que el cuerpo continúe funcionando a cualquier precio, y esto suele ser muy costoso para la persona, el sistema y el propio profesional.

Un paciente es una persona que tiene una enfermedad, y, cuando la enfermedad es incurable, cuidamos y acompañamos a la persona física, emocional, social y espiritualmente, al igual que a su familia.

El Grupo de Trabajo de Espiritualidad de la SECPAL (GES)

Desde mi crisis existencial, tenía claro que cuidados paliativos no era tan solo hacer un buen control de síntomas ni procurar el confort del paciente, que, siendo necesarios, son insuficientes. Para mí, la columna vertebral de los cuidados paliativos es la atención y el acompañamiento espiritual del paciente, la familia y el equipo que los cuida.

En el año 2000, la Organización Mundial de la Salud, definiendo los cuidados paliativos, hablaba de sufrimiento y de espiritualidad. Entonces no había acuerdo sobre qué entendemos por sufrimiento o qué es la espiritualidad, que la mayoría identificaba con la religión. El sufrimiento no se enseña en las facultades, y hablar de espiritualidad en aquel momento era un anatema en nuestro ámbito.

En enero de 2004, movidos por la necesidad de entender y cuidar, algunos profesionales de SECPAL constituimos el Grupo de Trabajo de Espiritualidad (GES), para explorar este territorio y tratar de construir mapas que permitieran acompañar este proceso desde una perspectiva profesional, humanista y transconfesional (más allá de cualquier creencia religiosa). Empezamos por construir un glosario de términos consensuados sobre qué entendemos por espiritualidad desde una perspectiva humanista y profesional: ¿qué es el sufrimiento y cómo se aborda? ¿Qué es la compasión? ¿Qué es la sanación? Cuestionamos a los profesionales de la SECPAL: «¿Qué es para vosotros la espiritualidad?», «¿qué necesitáis para acompañar espiritualmente a los enfermos?».

En 2008, editamos una monografía sobre el tema y, en 2014, una versión más completa que titulamos *Espiritualidad en clínica. Una propuesta de evaluación y acompañamiento espiritual en cuidados paliativos*.

Ampliamos el modelo aprendido en la facultad para incluir nuestra humanidad, nuestra espiritualidad. Es decir: la persona es mucho más que su cuerpo, y es cierto que las personas somos vulnerables, enfermamos y morimos, pero, al mismo tiempo, somos dignas y trascendentes, participamos de una realidad que nos sostiene y que debemos tener presente a la hora de acompañar a los enfermos en su proceso de morir.

La espiritualidad la definimos como nuestra humanidad en plenitud: «Nuestra naturaleza esencial es el dinamismo que nos impulsa a la búsqueda de nuestra plenitud y que se estructura en la red de relaciones que establecemos con nosotros mismos y con los demás y con lo trascendente».

Asumimos que todo ser humano tiene esa dimensión profunda, el centro que lo sostiene y le da la vida. El sufrimiento, la enfermedad y la muerte son ocasiones para que nos podamos abrir y conectar a esta realidad que nos sostiene y a la que pertenecemos.

Acompañar en el proceso de morir supone que los profesionales, centrados en su propia presencia, puedan conectar con el paciente de ser a ser y, desde ahí, acompañar al otro para que pueda encontrar sus recursos interiores y acceda a esta dimensión de sí mismo, donde no hay sufrimiento ni muerte, pues lo que somos a este nivel nunca estuvo amenazado.

Señalamos tres etapas en el proceso de morir. La primera reacción suele ser el caos, expresado con lucha, resistencia: «No puede ser», «no quiero», «soy demasiado joven», «no hay derecho», «aparta de mí este cáliz».

Conforme la realidad se va imponiendo, las resistencias se disuelven y podemos pasar a la entrega, es decir, a la aceptación de la realidad o al *hágase tu voluntad*.

Y, tras la aceptación, surge la etapa que menos se conoce y que es consecuencia de lo anterior: la trascendencia.

Por medio de la aceptación, accedemos a otro nivel de conciencia que ni imaginábamos; se caracteriza por la paz y el gozo que encuentra el enfermo cuando ha soltado y atravesado el rechazo de lo que no podía cambiar.

Este proceso de caos, aceptación y trascendencia es un esquema de cómo nos transformamos espiritualmente al morir.

El cuestionario GES

Para llevar un tema tan poco *científico* como la espiritualidad al ámbito académico, adoptamos el lenguaje propio de este entorno. Y publicamos un modelo de acompañamiento y las herramientas de evaluación y acompañamiento. Construimos un cuestionario orientado a evaluar los recursos y las necesidades espirituales de la persona a la que acompañamos.

En el modelo desde el que habitualmente trabajamos en el entorno sanitario, se percibe al paciente como alguien necesitado de ayuda, a menudo desde una perspectiva paternalista que contamina toda la aproximación.

Sin embargo, nosotros planteamos el acompañamiento desde una mirada muy diferente: aquí no se trata de salvar o curar a nadie, sino que uno hace un viaje y el otro lo acompaña desde la simetría moral. Todos somos igualmente vulnerables, y el acompañante puede sentir: «Yo no sé adónde vas, pero no voy a dejarte solo». Esta mirada nos pone a los dos al mismo nivel de humanos frágiles y vulnerables, pero conectados. Y, ante un entorno en el que solo se suele hablar de necesidades espirituales, nosotros también hablamos de recursos. ¿Cuáles son los recursos espirituales que tiene cada uno de nosotros? A menudo, como hemos visto en algunas de las historias, la persona tiene la sabiduría para hacer el camino, si bien siempre es mejor ir acompañado.

En este contexto, creamos un cuestionario como guía para acercarnos a explorar y acompañar el mundo interior de la persona que cuidamos. Así, cuando el paciente es consciente de su pronóstico, le planteamos una serie de afirmaciones para que reflexione sobre hasta qué punto está de acuerdo con ellas, como, por ejemplo:

- «Revisando mi vida, me siento satisfecho con lo que he vivido y conmigo mismo».
- «He hecho en mi vida lo que tenía que hacer».
- «Me siento querido por las personas que me importan».
- «Me siento en paz y reconciliado con los demás».
- «Creo que he podido aportar algo valioso a la vida o a los demás».
- «Me siento conectado con una realidad superior —la naturaleza, Dios...—».

Este cuestionario nos ayuda a explorar los recursos y las necesidades espirituales y a abrir el camino al acompañamiento y es usado por muchos equipos de nuestro país. También en Portugal, donde se ha traducido, y en muchos países de América Latina.

El acompañamiento espiritual

El viaje del niño que se enfadó con la muerte me ha llevado a desvelar la realidad, a experimentar que la muerte no existe y a comprobar repetidamente que nuestra naturaleza es belleza, verdad y bondad, y que nunca ha estado amenazada. Ahora, para rematar a la muerte, el niño se propuso compartir estos descubrimientos para disolver el miedo y enseñar cómo acompañar y aprender de la vida en este viaje compartido con los que cuidamos.

Acompañar es sencillo, aunque no resulte fácil. Necesitas haber hecho un proceso personal para estar allí con ecuanimidad, sabiduría y compasión. Cuando, como persona y profesional, has trabajado tus miedos, estás abierto y disponible y te conectas con la otra persona, desde tu interés genuino por ayudar y desde tu profundidad. Y cuando la persona, en su vulnerabilidad, se siente respetada, se abre, y, a menudo, este encuentro es transformador para ambos.

En mi experiencia, cuando te acercas a ayudar eres ayudado, de alguna forma no eres tú quien ayuda, eres simplemente un canal.

El que acompaña debe ser consciente de este proceso, y debe también estar instalado en su propia conciencia y profundidad para, desde aquí, conectar con la persona que sufre. En algunos casos, llega un momento en el que los dos entran en un espacio donde se da una presencia que nos conecta y nos transporta, hasta que percibes cómo va cambiando la energía y te sientes inspirado y acompañado. Dicha experiencia es más fácil si antes has conocido esta profundidad en ti mismo.

Para llegar a semejante estado de conciencia —que llamamos *presencia*—, existen muchos caminos. Si, por ejemplo, eres alguien que durante su vida ha sufrido, se ha roto, ha tocado fondo y ha descubierto recursos dentro sí mismo que no conocía, ya sabes que tenemos más potencial del que pensamos. O, si practicas meditación, oración contemplativa o cualquier práctica espiritual de forma regular, es más fácil acceder a esta presencia, fuente de estabilidad y ecuanimidad en el encuentro con el que sufre.

Acompañar espiritualmente significa hacer de espejo para que él vea en ti su naturaleza profunda y se pueda poner en contacto con esta belleza, gozo y paz de los que estamos hechos. Para simplificar, diría que el paciente tiene que hacer un viaje de la cabeza al corazón. La cabeza cree controlar, pero no controla nada. El corazón ya sabe.

La espiritualidad puede ser un recurso poderoso para trascender el sufrimiento que acompaña la pérdida, así como para promover el desprendimiento y la aceptación implicados en el proceso de morir.

El cuidado espiritual está basado en una perspectiva integral de la persona, que reconoce y apoya los recursos de los pacientes y facilita la trascendencia del sufrimiento.

El sufrimiento puede concebirse como el malestar ante una amenaza de pérdida de integridad, coherencia y conciencia de pertenencia, pero también como una llamada a la plenitud.

El modelo que proponemos asume que la muerte es más que un hecho biológico. Es un hecho humano, social y espiritual y, también, una oportunidad especial que nos presenta el reto de descubrir y sumergirnos en nuestra naturaleza espiritual y crecer.

En este contexto, el cuidado espiritual supone un acercamiento profesional y ético a esta oportunidad que se ofrece para la sanación. La sanación es un proceso relacional que implica movimiento hacia la experiencia de integridad y plenitud. Puede ser facilitada por las intervenciones de los cuidadores, pero depende de un potencial innato del paciente.

El cuidado espiritual basado en la conexión *espíritu-a-espíritu* (entre paciente y cuidador) intenta facilitar la sanación.

La sanación se distingue de la curación. Se refiere a la habilidad de una persona para encontrar paz, consuelo, conexión y significado en medio del sufrimiento. El acompañamiento promueve que la persona que sufre pueda encontrar sus recursos internos para acceder al nivel de conciencia donde trasciende el sufrimiento.

La compasión

Cuando te acercas al sufrimiento del otro desde tu miedo, lo que sientes es lástima. La lástima, al igual que el ensañamiento terapéutico, está fundamentada en el miedo y la ignorancia.

Cuando tengo miedo y veo a alguien que sufre, pienso: «Qué mal estás, qué suerte que a mí no me pase lo mismo, pobrecito». Esta es una mirada desde la asimetría moral. «Tengo miedo de acercarme a ti, no sea que me contagie de tu malestar, y me acerco desde una posición de aparente superioridad», esto es lástima. Y a nadie le gusta que le tengan lástima.

La compasión es el nombre que toma el amor cuando se encuentra con el sufrimiento de otro al que reconocemos en su dignidad, y nos permite ver que, detrás de su apariencia de vulnerabilidad, posee la misma profundidad que nos sostiene a todos. La compasión se manifiesta con ganas de ayudar a aliviarlo desde la simetría moral al sentir que yo formo parte de la misma especie y de la misma realidad.

La parábola del samaritano es el arquetipo de la compasión en nuestra cultura: por allí pasan primero un sacerdote y, después, un levita y ambos siguen su camino, pero luego aparece un samaritano, ve que el hombre necesita ayuda, se acerca y se conmueve. Y ese es el siguiente paso: tras la atención, la conmoción interna ante el sufrimiento del otro. «Dios mío, ¿qué le está pasando? Tengo que hacer algo».

El fundamento de la compasión puede ser la indignación moral y requiere gestionar bien la emoción. Si te sientas a llorar junto a la persona que sufre, no sirve de nada. Tienes que darte cuenta de lo que está pasando, procesarlo rápidamente, decidir qué hacer y actuar en beneficio del otro.

La compasión es empatía en acción, es emplear las manos y la cabeza, movidas desde el corazón para que el otro salga de su malestar. Este es el fundamento de cualquier profesión de ayuda: médicos, enfermeros, psicólogos, bomberos, maestros… Yo les digo a los estudiantes de Medicina: «Esto no os lo ha dicho nadie nunca, pero estáis aquí porque tenéis un corazón compasivo».

Eso sí, la compasión también presenta algunos peligros que requieren un elevado nivel de conciencia y estar muy conectado con uno mismo y con el otro. Por ello, la meditación o la oración contemplativa es una herramienta fundamental para ser la luz que da confianza y neutraliza el miedo y da paso a la presencia que permite al otro elaborar, construir y, si es posible, trascender.

Es importante también cultivar la autocompasión. Uno debe darse permiso para ser vulnerable y para tratarse bien. Se deben conocer los propios límites, que van cambiando con el tiempo y la experiencia, pero que no se pueden traspasar antes de tiempo, pues, de lo contrario, entras en zonas de riesgo. Tu intuición es la mejor guía.

Paracelso decía: «El médico y la medicina solo existen para ser los intermediarios a través de los cuales el enfermo experimenta y ve con sus sentidos el amor y la misericordia de Dios».

El autocuidado del profesional que trabaja con el sufrimiento

Para acompañar, se necesita sabiduría y compasión. Porque, con sabiduría sin compasión, puedes entender, pero no puedes ayudar, y, con compasión sin sabiduría, te puedes llegar a quemar. La sabiduría te lleva a recordar que eres solo una herramienta y que lo que pasa a partir del momento en el que ofreces tu espacio de seguridad y de confianza ya no depende de ti. Eres responsable de tu esfuerzo, pero no de los resultados de tu esfuerzo ni, por tanto, de lo que le pasa al otro.

Del mismo modo que si quieres ser un buen pianista tienes que practicar cada día, si quieres ser un buen acompañante, debes dotarte de energía y de profundidad. Y la mejor manera de desarrollar y cultivar la autoconciencia es sentarse a meditar cada día. Porque lo mejor que puedes ofrecerle a alguien que se está muriendo es tu presencia ecuánime y compasiva, libre de juicios, para que en el otro vayan surgiendo la aceptación y la trascendencia.

De todas formas, aunque uno debe trabajar para facilitar este proceso, tampoco se nos pide ser perfectos.

Nuestra obligación es ser felices, no ser perfectos. El personal sanitario lo formamos personas que hemos decidido ayudar a los demás; somos buena gente, pero a menudo nos autoflagelamos más de lo necesario.

La profesión sanitaria es, intrínsecamente, una profesión espiritual.

Al cuidar de las personas que sufren, para el profesional de la salud se abre la oportunidad de transformación personal. Para estar abierto a ella, este debe tener conciencia de la espiritualidad en su propia vida y cultivar su propia conexión para poder ofrecer su presencia compasiva a los pacientes.

Cuando los profesionales que cuidan toman conciencia de su propia condición mortal y descubren —a menudo, tras un largo itinerario personal, al principio solo intuido— el fondo de su SER que los sostiene, son capaces de establecer conexiones más profundas y significativas con sus pacientes.

10
Divulgando el mensaje

A mis sesenta y siete años, decidí jubilarme, aunque mi pasión por lo que hago y las ganas de compartir lo aprendido me han llevado a seguir dando cursos, talleres y conferencias y a continuar difundiendo la buena noticia de que no debemos temer el morir.

Sé por experiencia que el miedo al proceso de morir surge de nuestro desconocimiento y de la ignorancia con respecto a esta parte tan interesante de nuestra vida. Si todos pudiéramos aprovechar la experiencia de acompañar y perdiéramos el miedo, viviríamos mucho más felices y en mayor armonía entre nosotros y con la naturaleza.

En el año 2015, una charla mía sobre humanizar el proceso de morir se grabó y se colgó en YouTube. Entonces, descubrí la posibilidad de llegar a más gente. Algún tiempo después de aquella charla, contactó conmigo José María, cuyo padre había fallecido recientemente y a quien el vídeo de la conferencia había ayudado. Su visión de emprendedor y su experiencia empresarial, junto con su actitud solidaria, le inspiraron para crear una web que difundiera de forma gratuita cómo cuidar y acompañar en este proceso.

Cuando José María me propuso crear la web con el nombre de Alfinaldelavida.org, con cierta sorna, le contesté:

—Menuda birria de nombre, pero ¡si la vida no tiene final!

Con ayuda de la SECPAL, empezamos a difundir una cultura del cuidar y acompañar con conferencias, publicaciones y vídeos grabados en sus estudios, que hoy se alojan en Alfinaldelavida.org. La web cumple una excelente función con millones de visualizaciones y una gran cantidad de comentarios de todo el mundo de habla hispana, en agradecimiento por la ayuda que ha supuesto.

Cuando se cuelga en internet algo abierto a todo el mundo, no eres capaz de imaginar hasta dónde puede llegar ni el impacto que puede tener.

Un día, desde la SECPAL me piden permiso para darle mi teléfono a una conocida actriz cómica pocos días después de perder a su marido, un hombre de unos cincuenta años. La actriz se llama Paz Padilla. Me quedo esperando la llamada de una viuda reciente. En la mayoría de los casos así, mi papel es consolar a una persona en duelo, generalmente muy afectada. Me sorprendo cuando, al coger el teléfono, la alegre voz enérgica de Paz, con su gracioso deje andaluz, me dice de un tirón:

—¡Enric, qué ganas tenía de conocerte para darte las gracias por lo mucho que me has ayudado con tus vídeos a acompañar a mi Antonio!

Percibo enseguida que Paz no es una viuda desconsolada, sino una mujer valiente y enamorada que, acompañando a su marido, ha vivido una experiencia transformadora. Y que lo que necesita es que alguien la ayude a entender que se puede estar triste por la pérdida y, al mismo tiempo, tener una inmensa paz y gozo por la experiencia vivida al despedirse y reconocer el aprendizaje que a menudo se percibe en estos procesos.

Esto es lo que intento explicar en mis charlas cuando digo que los que dejan solo al familiar en el momento de morir —al igual que los sanitarios que, como hacía yo en mi juventud, abandonan al enfermo en el momento de la agonía— se pierden la parte más interesante de la película.

Paz me cuenta su experiencia y la ayudo a confirmar su intuición de que lo que ha vivido es normal, aunque la mayoría de las personas no lo pueda entender.

En las semanas siguientes seguimos hablando por Zoom y me dice que quiere explicar su vivencia de acompañamiento de forma abierta, en un programa de televisión de máxima audiencia, para cerrar su duelo. Y me pide que la acompañe en su aventura. De entrada, me resisto a salir. Ella insiste, y me doy cuenta de que mi presencia le daría confianza; finalmente, acepto acompañarla con la condición de que en mi aparición se muestre un rótulo con la web de Alfinaldelavida.org. Así, aprovecharemos para difundir nuestro trabajo.

Un sábado por la noche, a la hora de máxima audiencia, Paz participa en el programa y explica su experiencia, yo la acompaño y se muestra el rótulo: la web de Al Final de la Vida multiplica las visitas de forma exponencial.

Pasado el tiempo, Paz, a la que ya me unía una buena amistad, decide contar su experiencia en un libro y me ofrezco a escribirle el prólogo. El libro se titula *El humor de mi vida,* y en él cuenta, con su gracia y desparpajo, una experiencia impresionante. Y, como la gente tiene buen gusto, es un éxito editorial que seguramente ha ayudado a muchas personas a cambiar su perspectiva.

Más adelante, Paz y yo compartimos escenario en varios congresos y reuniones profesionales de oncología y enfermería, y en el mismo entorno del proyecto Alfinaldelavida.org, donde cada uno explicamos nuestras experiencias y disfrutamos con la gente a la que le ofrecemos una mirada amable e incluso divertida de algo que desconocen y temen.

En el teatro y el cine

Un día me llama un conocido director de teatro de Barcelona, Àlex Rigola: «Enric, no nos conocemos, pero he visto algún vídeo tuyo en el que hablas de esto del morir y lo cuentas tan bien que, después de escucharte, casi dan ganas de morirse. Soy amigo de Josep, un catedrático de Economía de la Universidad de Barcelona, de sesenta y siete años, con un cáncer de pulmón avanzado. Su hija, Alba Pujol, es actriz y amiga mía, los aprecio mucho a los dos y los acompaño en el proceso. Él es muy consciente de su enfermedad. Es un intelectual agnóstico y, revisando juntos a autores de antropología y de filosofía, constatamos que de la muerte no se habla mucho. Nos gustaría llevar nuestros diálogos a una obra de teatro. Una vez que mi amigo haya fallecido, Alba representará su papel de hija en la vida real, acompañada de un actor que interpretará a su padre. Habíamos pensado pedirte que nos grabes un vídeo en el que te dirijas a mi amigo y que quizá le pueda servir para vivir la actual situación. Llegado el momento, lo proyectaremos durante la obra de teatro».

Sin pensarlo mucho le digo que sí, y, al colgar el teléfono, me planteo qué le puedo decir a un señor al que no he visto nunca: «Es un nuevo reto para mí acompañar a alguien sin conocerlo. ¿Cómo debe preparar las maletas para este viaje? ¿Qué debe saber? ¿Qué le puedo recomendar desde mi experiencia?». Grabo el vídeo para Josep y se lo mando a Àlex. Lo ven juntos Josep y su hija, y, al parecer, tiene su impacto. Al cabo de unas semanas, Josep fallece tranquilamente mientras duerme.

A finales de 2019, la compañía de teatro de Àlex Rigola estrena la obra en Barcelona, que toma el título de una frase en la que Shakespeare se refiere a la muerte: *Este país no descubierto que no deja volver de sus fronteras a ninguno de sus viajeros.* En ella, los dos protagonistas tienen un diálogo muy rico, conmovedor y profundo. Alba impresiona cuando habla desde su rol de hija con *su padre,* al que interpreta el conocido actor Pep Cruz, y se percibe claramente cómo se conmueve y nos conmueva a todos. Conversan sobre la muerte, y ella, en un momento de la obra, le comenta que hay un señor que habla de esto, que le ha enviado un vídeo; le propone verlo, y es entonces cuando aparece el vídeo proyectado en la pantalla del teatro, en el que le digo algo como —y aquí dejo una versión corta—: «Josep, supongo que sabes lo mucho que te quiere tu hija, y es precisamente a través de este cariño que me han hecho saber que estás pasando una temporada difícil. Es un viaje para el que la mayoría no estamos preparados, y yo, por mi trabajo, conozco un poco el itinerario. Desde aquí, me permito darte algunas indicaciones, por si te sirven.

»Mira, todo consiste en decidir si tienes confianza en el universo y en si crees que esto es un cosmos con un sentido y una armonía o es un caos. Si el universo está bien organizado y te puedes fiar o si es un sitio amenazante y peligroso en el que tienes que estar al acecho, esperando que ocurra algo imprevisto o peligroso que debes controlar.

»Decía Sócrates que los que tienen miedo a la muerte son unos pretenciosos porque pretenden saber lo que hay después y, además, intuyen que es amenazante cuando realmente no tienen ni idea. Por tanto, Josep, no seas pretencioso, confía en que esto es un cosmos bien ordenado y no te resistas».

Y el actor, que interpreta muy bien a Josep, le añade una pincelada de humor que conecta con el Josep agnóstico y dice:

—Tiene razón en muchas cosas, pero… ¡Joder cosmos!, ¡los planetas chocan a veces…! ¿Dónde está el orden?

Y me dan ganas de contestarle:

—¡Claro! Este tema no se puede aclarar con la mente y, aún menos, si eres un intelectual que, con una hipertrofia mental, le das vueltas y más vueltas. Así nunca llegarás a aclarar nada.

La obra es un éxito en Barcelona. Cuando, más adelante, la estrenan en Madrid, me invitan a ir al estreno y a dar una charla después de la representación. La gente tiene mucha curiosidad y le gusta oír hablar de la muerte de una manera tranquila y relajada, sin ansiedad y sin miedo, y me gusta hacer bromas porque, cuando te ríes, no puedes estar angustiado y te relajas. Creo que el sentido del humor es una muestra de sabiduría.

Me gusta crear un clima de broma y humor, a veces cito a Jorge Luis Borges cuando afirmaba que eso de morirse no es un problema, es simplemente una costumbre que tiene la gente.

En el estreno en Madrid, aprovechando que estoy en el escenario del Teatro de La Abadía, hago un poco de actor y escenifico un cuento de Yalal ad-Din Muhammad Rumi, maestro sufí del siglo XIII, que compara, de una manera muy lúcida, el nacer y el morir. Me sitúo en el escenario y hago una adaptación para que sea más participativo. Pido a la gente que, cuando yo diga *nacer,* intenten escuchar, morir. Y vean qué les provoca por dentro. Me pongo en modo actor y, gesticulando, empiezo el relato:

«Imaginemos que podemos hablar con el que está a punto de nacer, que se encuentra en el vientre de su madre y le decimos:

—Chiquitín, prepárate porque ya te ha llegado la hora y tienes que nacer.

—¿Nacer? ¿Qué es nacer? Yo no quiero nacer, estoy muy bien aquí.

—Pero es tu momento, debes nacer.

—No, no, yo no quiero nacer, no sé cómo se hace y tengo miedo.

—Escucha, esto está bien organizado, le pasa a todo el mundo; después de nacer, tendrás una madre y una familia, verás campos floridos y cielos estrellados, escucharás música, ¡beberás vino!, verás a amigos bailando en una boda y tantas maravillas que te esperan cuando nazcas...

—¡¿Qué dices?! Estás loco, solo existen la oscuridad y la humedad de este lugar y estoy muy tranquilo aquí, no quiero salir.

—Lo siento, pero no hay más remedio. Prepárate para salir.

—¡Ah, no! Yo me cruzaré, me pondré así, de través —hago los gestos un poco exagerados de alguien que quiere impedir salir del útero—, no voy a nacer.

—Pequeñín, te pongas como te pongas, has de nacer, y es mejor que no te resistas, porque solo lo harás más difícil para ti y para tu madre.

¿Si el morir es otro alumbramiento, quién sería la madre del que ahora va a nacer a una nueva dimensión? La familia, los amigos y las personas que lo quieren, ¿no? Y ¿qué hacemos normalmente los que no estamos preparados ni queremos que nuestro familiar o amigo muera? Lo mismo que podría hacer la madre si no aceptara el parto. Imaginaos que la embarazada, a la hora del parto, dice: "Yo me cruzo de piernas ¡y de aquí no sale nadie!". Por Dios, no tiene sentido, es absurdo.

A la embarazada se la prepara durante meses para este momento, en el que se le pide que empuje, respire, que sepa relajarse. En cambio, nadie nos prepara para este otro parto, para soltarnos con confianza o para saber acompañar al que se va.

La familia, como la embarazada que empuja, lo que debería decirle al que va a *nacer* es: "Te queremos, gracias, te puedes ir tranquilo, no sufras por nosotros, entendemos que ha llegado el momento, estaremos bien sin ti, tienes permiso para irte tranquilo, gracias por lo que nos has enseñado y hemos compartido".

Con esta comparación, se puede ver cómo, a nivel biológico, están muy bien organizados los dos alumbramientos, pero la falta de preparación y de conocimiento dificulta el proceso de morir.

Tenemos clara la fisiología del parto: se rompen aguas, comienzan las contracciones y vienen la dilatación del cuello del útero, el encaje de la cabeza del niño en el canal del parto y, después, el nacimiento. El proceso de morir también presenta toda una fisiología que está igual de bien organizada: el que tiene que irse empieza a desconectar parte del córtex cerebral, deja de comer, de conectar con el exterior, de tener interés por lo que pasa, y se desconecta también de su propio cuerpo. Es todo un proceso que está bellamente organizado: cuando se desconecta del córtex, la persona pierde el interés por el mundo exterior y puede centrarse en su viaje interior. Conocer este proceso puede resultar muy tranquilizador para todos.

A veces, la familia, al escuchar la respiración dificultosa, que es uno de los signos del proceso, dice:

—Doctor, se está ahogando.

Yo, desde la acogida y el afecto, suelo responderles:

—Sí, pero se ahoga muy bien.

Puede sonar cínico, pero luego se lo explico. En el proceso de agonía —es decir, el que precede a la muerte—, cuando esta ocurre de forma progresiva, la desconexión del cuerpo suele pasar por un ahogo. Los cambios respiratorios sirven para que la persona vaya dejando su cuerpo; sabemos que se va desconectando progresivamente de áreas del cerebro que la llevan a no tener sensación de ahogo. Y, sabiendo que esta desconexión natural evita que el enfermo sufra, al informar a la familia de que lo que ven es solo una parte de lo que ocurre, evitas que lo vivan con angustia.

Aun así, no pretendo presentar este tránsito como si fuera un camino de rosas. Volviendo al cuento de Rumi, si pudieras conectar con el feto cuando se encuentra en el canal del parto y le preguntaras "¿cómo te encuentras?", tal vez contestaría:

—No sé cómo salir de aquí, esto está muy estrecho y oscuro, me empujan por todas partes, me siento agobiado, estoy dejando el lugar donde he vivido y ahora voy a un sitio que no conozco ni al que sé cómo llegar, espero que esto acabe pronto.

No es fácil ni llegar ni irse, pero es solo en el momento del traspaso.

Creo que hablar de la muerte de este modo ayuda a superar el miedo. Suelo decir que la muerte es un espantapájaros que hemos vestido con nuestros miedos. No existe la muerte. Hay un nacimiento y un *murimiento*. Un proceso de nacer y un proceso de morir. El personaje de la muerte que te viene a buscar con una guadaña es una proyección cultural que solo está en la mente de alguna gente: no existe. Lo que pasa es que nos han contado muchas mentiras».

Como fruto de esta historia, en la web del www.alfinaldelavida.org aparecieron dos vídeos nuevos, uno titulado

Preparando el viaje definitivo y otro, dirigido a los acompañantes, llamado *Acompañar a un ser querido en el proceso de morir*. Cientos de miles de visitas reflejan el interés que despiertan.

En el año 2015, tras mi primer viaje como docente a Argentina, descubrí un continente ávido del conocimiento que habíamos desarrollado en la SECPAL, y aproveché las invitaciones para dar formación en diferentes países de América Latina: Chile, Uruguay, Argentina, Colombia, Perú…

En septiembre de 2019, en el Congreso de la Sociedad Argentina de Cuidados Paliativos, Laura, una alumna, médico y amiga que trabaja en cuidados paliativos en Uruguay, me consultó un caso. Se trataba de Fernando Sureda, un hombre muy conocido en el país. A sus sesenta y ocho años le habían diagnosticado ELA, o esclerosis lateral amiotrófica. Se negaba a «llegar a verse tirado veinticuatro horas en una cama sin poder moverse» y que tuvieran que cuidarlo. Decidió, desde su rol social influyente, promover una ley de eutanasia en su país.

Laura, al ver que esta persona que aparecía en debates televisivos pertenecía a la aseguradora donde ella era responsable de cuidados paliativos, contactó con ella. Me contó que Fernando le había confesado que estaba buscando vídeos en internet para ver cómo suicidarse. Ella le propuso ver videos míos, y, al parecer, le llamaron la atención:

—A este gallego hay que conocerlo —dijo.

Le propuse que me mandara un vídeo en el que me explicase qué necesitaba de mí y yo le contestaría. A los pocos días, en diciembre de 2019, Fernando me mandó una grabación donde aparecía un hombre de mi edad, con su venerable cabello y barba blancos, encamado, con un *whisky* en una mano y un cigarro en la otra. Con el acento típico de su país, me decía: «Doctor Benito, un gran honor poder comunicarme con usted directamente a través de este vídeo. Le comento que estoy bajo el cuidado de un grupo de cuidados paliativos del sindicato médico del Uruguay, como consecuencia de que la doctora Ramos me vio en una conferencia sobre la legalización de la eutanasia en Uruguay en la que yo, en función de mi conocimiento con periodistas, buscaba colocar un anteproyecto de ley de despenalización de la eutanasia en la próxima legislatura.

»El gran tema, y aquí viene mi dilema, es que aprendí muy bien de ustedes, que fueron muy buenos maestros, y estamos perfectamente preparados mi familia y yo, habida cuenta de todas las cosas que aprendí, como el trascender, el desapego, la empatía.

»Y estoy en condiciones de morirme. Y el gran tema, doctor, es que cuidados paliativos no está en condiciones de que muera. Yo estoy en condiciones de iniciar el proceso de *murimiento,* término que me encantó suyo, pero cuidados paliativos no puede hacer nada. ¿Por qué? Porque yo me adelanté; estoy pronto para morirme, pero soy el enfermo terminal más sano del mundo.

»Y la muerte lenta no es para mí doctor, porque voy a terminar con el síndrome de claustrofobia, que es las veinticuatro horas en una cama los 365 días del año.

»Por lo tanto, doctor, le planteo este problema: ¿cómo hacemos cuando un paciente está pronto él y su familia para trascender, pero no hay mecanismos que lo permitan? Le quería decir que me recuerda usted mucho a mi abuelo. Mi abuelo llegó por el año 20 del siglo pasado a Uruguay y tenía un parecido con usted, muy grande, y tengo un recuerdo gigantesco de mi abuelo, al que lo hacía enojar diciéndole *gallego*.

»Un fuerte abrazo.

Fernando me cautivó desde el primer minuto, en parte porque me sentí muy cercano a ese hombre, que me pareció honesto, valiente y generoso: alguien que está en su situación y se plantea una salida no solo para él, sino pensando en otros, ya me merece respeto. Otro aspecto que me atraía de Fernando es que se trataba de un paciente difícil: no tenía un pelo de tonto y estaba, como más tarde le mostré, sanamente instalado en su indignación. Había mucho trabajo por delante.

Nos retaba al afirmar que, desde cuidados paliativos, no sabíamos qué hacer con el enfermo mejor preparado del mundo para morir.

Nos empezamos a comunicar a finales de 2019. Él ya estaba encamado, semiparalítico y muy centrado en la idea de que ya había tenido su momento de gloria, que no quería continuar viviendo de esa manera y que deseaba terminar cuanto antes.

Abreviando esta historia de amistad, de confianza y de amor, les cuento que nuestros encuentros semanales por Zoom duraron hasta que él falleció, en septiembre de 2020; grabamos todas las sesiones, y, en el mes de julio de 2020, los compañeros de la Sociedad Uruguaya de Cuidados Paliativos me pidieron que grabara un vídeo promoviendo la Ley de Cuidados Paliativos en Uruguay. Le pregunté a Fernando si quería que lo grabáramos juntos por su relevancia en el país:

—Fernando, ¿tú crees que, en el cambio de tu mirada de la realidad, han influido los cuidados paliativos?

—¡Por supuesto! Mira, Benito —continuó, olvidándose de la cámara—, yo estoy en paz, estoy tranquilo, he hecho lo que tenía que hacer. Me habéis ayudado mucho, he descubierto a mi familia, ¡a mis hijos!, y ahora me tengo que ir… Pero recuerda, Benito, que yo era un ateo recalcitrante y, gracias a los cuidados, ¡me he convertido en un agnóstico esperanzado! No pidan más de mí.

Entre nosotros dos se creó una gran amistad, y me dio permiso para utilizar todas las grabaciones y hacer un documental de esta experiencia tan enriquecedora para todos.

Fuimos compartiendo cada semana, durante nueve meses, hasta que él murió el día 3 de septiembre de 2020. Tanto la familia —su mujer, Inés, y sus hijos— como él vivieron un proceso a veces difícil, a menudo duro, pero también tierno, siempre profundamente humano y muy amoroso.

La tarde antes de morir, le había pedido a su mujer que le pusiera un vídeo de este gallego (en referencia a mí) para recordar cómo va esto de morir y le propuso a su hijo tomarse una copa juntos: «Ahora ya me puedo sedar, y, si mañana no estoy, sigan ustedes sin mí».

Fernando me había aconsejado hablar con Facundo Ponce de León, profesor de filosofía en la Universidad Católica de Uruguay, y con su hermano Juan: ambos, con una gran sensibilidad, tienen una productora de cine llamada Mueca, muy conocida en Uruguay.

Con el permiso de la familia —tras el fallecimiento de Fernando, seguí hablando con Inés y sus hijos por Zoom y acordamos rendirle un homenaje para cerrar la historia—, me puse en contacto con Facundo Ponce de León a quien, le pasé todo el material grabado: *whtasaps, mails...* De nuevo, se dieron las circunstancias para encontrar la financiación y la película fue tomando forma.

La primera ayuda vino de una familia vasca que había creado una fundación de apoyo a los cuidados paliativos, la Fundación Pía Aguirreche; cuando el documental era solo un proyecto, creyeron en la idea y, además de su apoyo económico, nos dieron su confianza desde el primer momento.

Otro apoyo llegó a través de Paz Padilla: su amigo José Luis Fernández, más conocido como el Turronero

—un empresario generoso—, también ayudó a financiar el documental.

Inés y sus hijos le habían contado a Facundo que Fernando, en las últimas horas, estando sedado —en ese estado modificado de conciencia que erróneamente llamamos la *confusión de la agonía*—, señalaba el techo de la habitación y decía: «Hay una puerta ahí».

A finales del año 2022, tras las restricciones por la Covid-19, que me habían impedido viajar, fui a Montevideo a encontrarme con Inés y sus hijos, Fernando júnior y Salvador, y con mis ya amigos los hermanos Ponce de León. La productora Mueca había organizado una cena de homenaje a Fernando con los sanitarios que lo atendieron, los amigos y la familia, una fiesta entrañable en el jardín de la casa de Fernando, con un asado, como debe ser en Uruguay. En la cena, hablamos de Fernando y acabamos bailando al son de la música de la banda sonora que había elegido para la película. Se filmó toda la fiesta, y parte de estas escenas cierran el documental.

Hay una puerta ahí, tras varias coincidencias mágicas, se acabó estrenando el día 12 de marzo de 2023 en el Festival de Cine de Málaga. Fue adquirida por una de las distribuidoras españolas más conocidas, A Contracorriente, y se pasó de nuevo el 29 de septiembre de 2023 en el Festival de Cine de San Sebastián, adonde acudimos y donde celebramos nuestra historia, ahora ya pública, Inés, la viuda de Fernando, sus dos hijos, todo el equipo de la productora y muchos amigos.

La película se pasó en los cines y se usa como material docente en cursos y seminarios de cuidados paliativos.

Fernando y yo, ni cuando estábamos discutiendo sobre el sufrimiento o la dignidad, ni mucho menos cuando hacíamos nuestras bromas, nunca habríamos imaginado que esta historia se iba a ver en la gran pantalla.

El 8 de agosto de 2023, en Uruguay se aprobó una ley de acceso universal a los cuidados paliativos, algo que hoy en día aún no tenemos en España.

Fernando dejó un enorme legado a su país y a su familia. Me siento agradecido de haberlo conocido y de haber aprendido juntos que las diferencias ideológicas son menos importantes que la sincera conexión humana y que el amor es más fuerte que la muerte.

Autoconfesión

He vivido estos setenta y cinco años como un viaje en el que, a medida que vas subiendo la montaña, ganas perspectiva y, al sentir que llegas a la cima, te encuentras más cansado, disfrutando del paisaje, cuya belleza y extensión no podías imaginar cuando empezaste el camino sin saber muy bien adónde ibas.

En esta excursión, que supone una incursión en la propia esencia, la última etapa, llena de experiencias, es la más dulce: cuando el día se acaba y percibes cercano tu destino, sin prisas ni urgencia, puedes gozar del paisaje y de los colores del atardecer y, desde lo aprendido en el viaje, sentir gratitud por lo vivido y compartido.

La expresión más cercana a esta experiencia la encontré en un corto poema que sugerentemente dice:

Viento dorado de otoño, exuberancia de experiencia, gozo y plenitud.

Buena parte de la primera etapa de mi vida la pasé semiinconsciente y dando tumbos. En algún momento, sentí que hay una voz que nos susurra cuando nos salimos de nuestro camino. Si no la escuchamos, nos vuelve a avisar con un tono cada vez más alto, y, si la seguimos ignorando, nos pasa algo inesperado que nos obliga a parar.

Aquí, si nos preguntamos por el sentido de lo que ocurre —dejando de lado la autosuficiencia y el protagonismo que normalmente nos habita—, humildemente reconocemos nuestra vulnerabilidad y, desde la humildad, pedimos ayuda a lo más sagrado, podemos descubrir otro nivel de conciencia y llegar a entender que las crisis son oportunidades para abrir los ojos y despertar a la vida que se manifiesta en nosotros.

Alguien ha dicho que el camino del despertar tiene varios itinerarios. Uno es el del sufrimiento; otro, el del discernimiento. Quizá no todos tengamos que pasar por crisis existenciales para descubrir quiénes somos.

Una vez conscientes, podemos colaborar con la vida, que nos guía desde una inspiración que nos llega del susurro de nuestro espíritu —lo que Sócrates llamaba nuestro *daemon,* la voz interior que a todos nos guía—, y participar gozosa y activamente en el despliegue de ese viaje.

En mi caso, el acercarme a entender para poder atender el proceso de morir me ha llevado a perder el miedo a la muerte. Y, al hacerlo, he descubierto que esto supone un despertarnos a la realidad de la que participamos y que estemos contenidos en una conciencia creativa, inteligente y amorosa que dirige la realidad y el universo. Esta conciencia no tiene nombre, aunque, en diferentes épocas y culturas, le han dado muchos nombres, como *tao,* Yahvé, conciencia universal, energía cósmica o espíritu. Lo que importa es que reconozcamos la existencia de una dimensión de la realidad más allá de la que conocemos y entremos en relación con ella.

Cuando has descubierto que no tienes una vida, sino que la vida te tiene a ti, que formamos parte de ella y estamos conectados, puedes empezar a vivir fluyendo desde esta fuente de vida que te inspira, especialmente en los momentos de mayor incertidumbre o dificultad, y aprendes a confiar en esta sabiduría, que te guía a un destino mejor del que eres capaz de imaginar.

Con el tiempo, entiendes que lo que vemos y llamamos *naturaleza* o *realidad,* lo que se ha llamado el *orden explícito,* se sostiene sobre otro orden implicado, subyacente, sutil e invisible, desde donde surgen la energía y el dinamismo que conducen la historia. Si aprendes a escuchar en el silencio de tu corazón esta voz sutil de tu espíritu, puedes intuir los designios que te susurra y sabes que ese orden es benevolente y armónico y que tiene un propósito que lo conduce todo a un destino. Y, de alguna manera, sabes que tú perteneces y formas parte de un proyecto que te trasciende y en cuya participación encuentras sentido y gozo.

Llega un momento en tu viaje, especialmente en los momentos de mayor incertidumbre, en el que descubres que lo más sabio es aprovechar esta ayuda, que emerge en forma de inspiración o corazonada, y fluir dejándote llevar, escuchando esta intuición para saber hacia dónde debes moverte o qué decisiones tomar.

Cuando aprendes que vivir es un juego en el que puedes ir a medias con la providencia, descubres que la paz interior y el gozo son las señales de que estás en tu lugar, en el camino adecuado. Igualmente, aprendes que la resistencia, el desasosiego o el sufrimiento son avisos de que estás fuera de tu papel, y, cuando aceptas y dejas de resistirte a aquello que, aunque no te guste, no puedes cambiar, recuperas la paz.

Cuando aceptas que hay algo que te sostiene, que sabe, que es confiable, y te entregas a ello, aunque vaya contra lo establecido o sea incomprensible para los demás —y esto a veces puede ser difícil—, descubres que la verdad puede discurrir por caminos más o menos complicados, pero profundamente hermosos que te transportan hacia el gozo de vivir en plenitud. En definitiva, puedes sentir que eres conducido por una sabia y amorosa conciencia que es fácil y ligera, segura y confiable, que sabe mejor que tú lo que te conviene, o al menos esta ha sido mi experiencia.

He aprendido que las crisis, o lo que entendemos como pérdidas o fracasos, son experiencias de aprendizaje, aunque al comienzo puedan ser entendidas de otra forma. También, que, para aprovechar el mensaje que te trae cada experiencia de crisis o fractura, es necesario primero aceptarla o abrazarla para entenderla y trascenderla.

Trascender significa atravesar y ascender, pasar a través de lo que inicialmente no nos gusta y rechazamos, y, para hacerlo, hay que aceptar primero, abrazar el dolor de la pérdida, ver qué hay detrás, descubrir la sabiduría que comporta la experiencia de rompernos y comprobar que lo único que se rompe es nuestro esquema previo, el mismo que necesitábamos abandonar por haber quedado obsoleto.

Romper el esquema antiguo y abrirte a aprender te lleva a adquirir una mirada más sabia y profunda de la vida. Después de cada fractura aceptada, abrazada y entendida, se abre un nuevo escenario de mayor profundidad, belleza y sabiduría. Repetir la experiencia de seguir tu intuición y confiar y comprobar después que esta era la mejor decisión te va generando una confianza que te permite arriesgarte cada vez más y sentirte seguro y en manos de algo que sabe.

Al llegar a este mundo, todos venimos sin manual de instrucciones de cómo vivir: empezamos por aprender las normas establecidas que nos enseñan a movernos por el juego de la vida. La mayoría vivimos según dichas normas, hasta que, en algún momento, pasa algo que nos rompe los esquemas; sin entender la razón, la realidad se comporta de una forma —a nuestros ojos— anómala, inesperada, que no encaja en lo aprendido.

Cuando esto ocurre, tenemos la posibilidad de quejarnos o sentirnos heridos por la dureza de la vida, que nos rompe los esquemas de lo acordado, y también podemos tratar de bucear en ella para descubrir que este juego tiene otros niveles u otra profundidad detrás de la primera pantalla que conocías. Si exploras con curiosidad las *anomalías,* entiendes que algunas normas aprendidas son erróneas y puedes descubrir que, al cambiar tu forma de relacionarte con la vida, te lleva a acceder a otro nivel, a tener otra mirada; a partir de este momento, el juego cambia por completo.

Después de cada caída y reconstrucción, puedes empezar a conectar con una perspectiva más profunda y a moverte por el sitio donde se fragua el destino y colaborar con el plan que la vida te tiene preparado.

Una de las muchas mentiras que se nos cuentan cuando estás en la primera pantalla de este videojuego del vivir, cuando estás todavía en niveles superficiales de conciencia y escuchas tu mente, es que tú eres un cuerpo. Y, sabiendo que tu cuerpo es temporal y tiene fecha de caducidad, siguiendo esta mentira crees que tu vida es finita, que un día vas a morir y se va a acabar el juego. Esta mentira es la mayor fuente de miedo, ignorancia y sufrimiento.

Atravesar esta mentira y experimentar en el orden implícito, más allá del nivel mental de la primera pantalla del juego, supone descubrir que no eres solo un cuerpo, sino, sobre todo, la conciencia que lo anima, le da vida y se expresa a través del cuerpo y de la mente. Y también descubres que esto que eres y te sostiene nunca estuvo amenazado, que la muerte no existe, es solo un traspaso de nivel: dejar el cuerpo no es sinónimo de dejar la vida. Cuando lo sabes, por haberlo saboreado vivencialmente, adquieres una confianza y una seguridad en la propia vida que te permite disfrutarla de otra manera. Y, sobre todo, al quitarle poder a la mentira del morir, puedes perder todos los miedos y vivir desde la conciencia, el gozo y la felicidad.

Si tuviera que responder con brevedad a la pregunta de «¿cómo se puede morir bien?», diría: «Teniendo la confianza de que el universo está bien organizado y de que la muerte no es un fracaso, sino un traspaso. Y en armonía y en paz con la vida vivida».

¿Y cómo se puede hacer esto, si la mayoría de los ciudadanos se acerca a este proceso con miedo, negación o rechazo? Perder el miedo, es dejar de creer las mentiras que nos hemos contado durante generaciones sobre este proceso, acercarnos para entender y ver qué pasa y descubrir que no es para tanto.

Antes de hablar de las mentiras que nos hemos contado colectivamente sobre el morir quiero hacer una reflexión: Stephen Levine escribió un libro cuyo título me parece muy interesante, ya que plantea una pregunta fundamental en este momento: ¿Quién muere? Es decir, con quién me he identificado en este tiempo que he pasado por la vida, si creo que soy este cuerpo, esta historia que me he contado sobre mi profesión, mi nombre, mis relaciones, mis posesiones... En resumen, si me he identificado con mi personaje y he querido controlar mi vida y no he descubierto lo que hay que sostiene este personaje, si no he buceado en mí mismo, es bastante lógico que tenga miedo, pues todo esto es efímero y siempre lo ha sido, y, de hecho, nunca ha controlado nada.

Si, por alguna razón —una crisis personal, una pérdida o lo que sea—, he podido bucear en la profundidad de lo que me sostiene, aquello de lo que formo parte y que no está nunca amenazado, si he descubierto algo que la mayoría desconoce por vivir volcado hacia el exterior, he conocido mi SER. Sé por experiencia que hay algo que da vida y armonía a todo el universo, que es lo que crea la realidad y es confiable, y, desde aquí, voy a hacer este viaje con mucha más paz y confianza.

El haber muerto a una cierta manera de ser nos abre las puertas a una forma más madura en la que hemos aprendido a renacer, y esta es una experiencia que no se olvida y que genera confianza y sabiduría. Es, pues, a fuerza de repetir una y otra vez esta experiencia en uno mismo que uno aprende a vivir muriendo.

Sé que esto, explicado así, de forma tan sintética, puede sonar extraño o poco comprensible, y, para hacerlo más asequible, es por lo que te he contado las historias que has leído: historias vívidas, es decir, llenas de vida, para facilitar de forma menos conceptual y más experiencial esto que he resumido y que básicamente he aprendido precisamente al vivirlas.

El amor es cuando sientes que puedes bajar las barreras, las defensas protectoras de tu yo, porque no tienes miedo y te quedas desnudo, y, si el otro tampoco se siente amenazado, todo fluye y realmente se establece una relación íntima. Hay amor de verdad cuando estás situado en tu centro, con confianza, sin mente controladora.

Si te desvistes de tus conceptos y juicios y te conectas al otro desde tu profundidad, lo que surge es respeto, ternura y afecto. Es bastante agradable estar junto a las personas conectadas de esta forma, porque se mueven en el ámbito del no conflicto y emiten paz, armonía, bienestar. La presencia es estar conectado con esto que somos.

Epílogo
Siete lecciones del morir

La verdad fundamental es que nadie muere sin saber que se está muriendo. Ocultar este hecho es como pretender que una embarazada no sepa que está pariendo o que un bebé no se dé cuenta de que está naciendo. La conciencia que somos no muere y no deja de percibir. Cuando se olvida esta verdad, podemos morir muy solos si los que nos cuidan y los que nos quieren intentan aparentar que no va a ocurrir y tratan de ocultar la realidad desde la ignorancia y el miedo.

El que se va, a menudo, necesita compartir lo que le preocupa con los más cercanos. La verdad nos hace libres, aunque al principio duela, y los familiares y amigos que viven el proceso desde la autenticidad, tienen un duelo más armónico que aquellos que intentan esconder la realidad.

Lección 1
Morir es normal y, además, es seguro

Morir es un proceso natural que ocurre a todos los seres pluricelulares, no es nada extraño, forma parte de la vida.

Pero, además, la muerte no existe. Existen el nacimiento y el *murimiento,* hay un proceso de nacer y un proceso de morir, la vida emerge y se sumerge, y los dos procesos están bellamente organizados, aunque para alguien sin experiencia aparente ser difícil, doloroso o angustiante.

Los profesionales sabemos que el proceso de morir, al igual que el nacimiento, sigue unas etapas que llevan a la desconexión de nuestra conciencia del cuerpo, y en este proceso es conveniente dar información honesta para que la persona y quienes la acompañan puedan adaptarse a lo que está ocurriendo.

Es evidente que, cuando la muerte ocurre de forma progresiva, hay un momento en el que desde fuera percibimos que el paciente se está ahogando, y es que ahogarse es una etapa del morir. Sin embargo, cuando llega ese momento, la persona ya está desconectada de su propia percepción de la ausencia de aire, no siente el ahogo, que solo percibimos los observadores externos. Y es importante saberlo.

Existe un umbral, a veces después de algún tiempo de aparente distrés, a partir del cual el moribundo entra en un nivel de conciencia en el que siente paz, serenidad, bondad, belleza. Y poder acompañar y vivirlo de forma vicaria es un regalo.

Para acompañar bien hay que aprender a domesticar el propio miedo, la angustia y la tristeza. Lo único que hay que hacer es no interferir, no frenar, no luchar. Quien está en el momento final de su vida necesita silencio, intimidad, información honesta, ternura, compañía, paz. No hay que tratar la muerte como una enfermedad, porque no lo es. Es un proceso natural y bien organizado.

Lección 2
Morir nos abre a la verdad

La verdad nos hace libres. La verdad nos hace propietarios del proceso, del tiempo que nos queda. Muchas veces, cuando la gente siente que se muere, dice cosas que ha guardado o no ha expresado lo suficiente; hay experiencias muy profundas, se dan erupciones de ternura… Poder decir *nos queremos, gracias* y *adiós* es algo muy grande, que nos conforta al permitirnos cerrar bien nuestra biografía y dejar el legado que consideremos.

Lección 3
Morir no duele

Con los fármacos que tenemos, el dolor físico se puede controlar bastante bien. El sufrimiento es opcional, proviene de la resistencia que oponemos a la realidad. El rechazo de la realidad no cambia la realidad: es querer parar el tsunami con las manos, y el tsunami te lleva por delante. El secreto para evitar el sufrimiento es la aceptación de lo que no puedo cambiar. Y, cuando esto ocurre, accedes a un nivel de conciencia que trasciende lo que antes no podías asumir y que se caracteriza por la paz y el gozo.

Lección 4
¿Qué necesitamos saber para morir bien?

Fundamentalmente haber vivido bien, el morir no es más que una continuación del vivir, y según como hayas vivido, vas a morir. Si has descubierto que en la vida lo importante es ser y no tener. Si has vivido en coherencia con tus valores, si el morir te pilla bien vivido, si has amado, compartido y disfrutado los dones que tenías, y llegas al final ligero de equipaje, seguramente lo tendrás fácil. Quienes acumulan mucho en vida (cosas, cargos, experiencias, dinero, etc.) tienen una gran carga que les dificulta el momento de la partida, les cuesta soltar.

Lección 5
El sentido nos abre el camino

Normalmente, todos llegamos al final de nuestra vida con experiencias de pérdida, sufrimiento y momentos difíciles, y, según cómo hayamos aprendido de dichas pérdidas parciales, estaremos mejor preparados para asumir que la muerte es algo más que nos tiene que suceder. Descubriendo quién eres, qué has venido a hacer y qué has hecho, si has dotado a tu vida de sentido, seguramente te será más fácil entregarte a esta nueva etapa sin miedo y con confianza.

Lección 6
Podemos morir sanos

Entendemos *sano* como íntegro, coherente, sereno, en paz. Los cuerpos se deterioran, pero, si hemos conectado con nuestra conciencia, cuando aprendemos que somos algo más que cuerpo y que estamos conectados con lo que nos sostiene —y eso no está nunca amenazado—, podemos *soltar* con mayor facilidad el cuerpo.

Lección 7
Acompañar y estar ahí tiene premio

Acompañar a otros en el proceso de morir es una forma de aprender sobre la vida sin intermediarios. Si consigues acercarte sin miedo, puedes ver cómo el proceso de morir no es un proceso biológico, sino biográfico y relacional. ¿Cómo acompañar? No hay que hacer ni decir nada en ese momento, hay que estar. Tenemos que gestionar el propio miedo, la ira y la tristeza, porque, de no hacerlo, vibrarán en el ambiente, y el entorno condiciona la experiencia. Acompañar es aportar una mirada de gratitud y de ternura y desearle un buen viaje al paciente. Y para que los profesionales puedan acompañar bien, son necesarios: competencia (conocimiento del proceso), conexión (relación íntima, de ser a ser) y coraje (moverse en la incertidumbre).

Agradecimientos

A mi abuelo Sebastián, que me enseñó el respeto y el amor y cuya muerte me dejó una herida que he tratado de sanar acercándome con ternura a cada persona a la que he acompañado.

A los enfermos y los familiares a los que he tenido el privilegio de acompañar y cuyas experiencias, compartidas en momentos de profunda humanidad, al borde del misterio que es morir, me han inspirado.

A los compañeros profesionales de la enfermería, la psicología y la medicina que compartimos este viaje de cuidar y acompañar.

A los alumnos de los cursos de formación en acompañamiento espiritual en clínica, por las enseñanzas que me han ayudado a construir juntos.

La muerte no es la oscuridad, simplemente es apagar tu linterna porque ha llegado el amanecer.

Rabindranath Tagore

www.ingramcontent.com/pod-product-compliance
Lightning Source LLC
Chambersburg PA
CBHW032014030525
25993CB00002B/15